司法警官职业教育优质教材

警察实战技战术

JINGCHA SHIZHAN JIZHANSHU

（第二版）

编　著◎姜红升

中国政法大学出版社

2025·北京

编写说明

　　"十三五"以来，我国高等职业教育进入了一个以综合改革、质量提升为特征的新阶段。为贯彻落实《国务院关于加快发展现代职业教育的决定》（国发〔2014〕19号），教育部先后颁布了一系列文件，为我国高等职业教育发展提供了新的理念，指明了新的方向。广大高等职业院校加强人才培养体制机制创新，深化产教融合、校企合作，加强专业课程、师资队伍与信息化建设，提高技术技能积累与社会服务能力，拓展国际合作与交流，呈现出蓬勃生机。职业教育集团、混合所有制、现代学徒制等现代职业教育人才培养体制机制相继试点并不断走向成熟。持续深化教育教学改革、深入推进产教融合、培养高素质技术技能人才、提升学校对经济社会发展的贡献度，成为高等职业院校共同的目标。

　　随着高等职业教育教学改革和国家司法体制改革的深入开展，司法警官职业院校的人才培养体制机制也在发生深刻的变化。为对接监狱、戒毒人民警察招录，培养政治坚定、作风优良、业务过硬、纪律严明的政法行业人才，司法警官职业院校全面贯彻落实党的教育方针，紧跟国家司法体制改革步伐，遵循职业教育发展规律，以立德树人为根本，以提高质量为核心，以专业建设为重点，准确定位办学方向，提高办学实力，为社会平安和法治建设提供坚实的政法行业人才保障。

　　为实现司法警官职业院校的人才培养目标，凸显人才培养特色，我们组织了一批教学水平高、实践经验丰富的教师与行业专家编写了系列教材。该系列教材立足政法行业人才需求，积极回应国家司法体制改革需求，融入最新的法律规定、教育理念与教学方法，吸取同类教材的优点，力争打造特色鲜明、内容新颖、能学辅教助训的优质品牌。

　　因水平有限，该系列教材或许有不足之处。我们会在今后的教学实践中不断完善，以期对提高我国司法警官职业院校的教育教学质量，培养优秀政法行业人才起到越来越大的作用。

审定委员会

2017 年 5 月

第二版序言

　　自第一版教材问世以来，其凭借详尽的警务理论、丰富的实战案例和完备的基础框架，在行业内得到了广泛应用，为培养具备扎实理论基础和实战能力的警务人员发挥了重要作用。然而，随着社会的快速发展和犯罪形态的不断演变，特别是网络犯罪、金融犯罪、暴力犯罪等新型犯罪类型的日益增多，监狱在押犯构成的显著变化，对警察的实战技战术水平提出了更高的要求。为进一步提升司法警官院校人才培养质量，切实提高学生的职业技能和警务素质，以帮助学生快速适应新时代司法行政机关人民警察岗位需求，我们根据现代职业教育理念，基于广泛的岗位调研，积极探求警体课程实战化教学改革的新路径，对第一版《警察实战技战术》教材进行了全面而深入的修订，编写了第二版《警察实战技战术》教材。

　　第二版教材在继承第一版精髓的基础上，进行了全面修订。第二版教材坚持实战牵引、贴近实际、注重实效的思想，深度融合了近年来发生的典型实战案例处置经验与技战术研究成果，将警务技能、技战术与实战应用有机结合。教材以典型任务规范化处置为主线，巧妙地融入警情处置的相关理论知识和技能，按照规范化执法程序进行了有效融合，使抽象的理论与具体的执法场景紧密相连，体现了实战化、规范化、融合化的要求。

　　第二版教材聚集警察实战面临的新情况、新问题和信息化建设的新要求，优化了六大执法情境，使警务技能协同应用更加合理、武力级别逻辑更加清晰。突出了典型警情的时效性，优化了二十六个典型监狱、公安人民警察处置警情，更加注重典型案例应急预案制定和实战预案实施的内容，体现了警察实战技战术训练改革和发展的方向。

我们贯彻警察执法的科学理念和法律要求，把依法处置、遵循程序，充分估势、应对在先，随机处变、力保安全的基本原则和理性、平和、文明、规范执法的新要求贯彻其中，深入阐述了相关案例执法的法律依据和程序要求，强化了严格依法执行警务和执法安全、执法规范的意识。此外，为进一步提升教学效果和丰富教学手段，我们建立了配套的在线精品资源共享课，在线课程的教学资源通过专业的技能讲解视频和典型案例视频复盘，使学生在掌握扎实理论的基础上，更有效地将知识转化为执法实战能力，提升综合应用能力和处置警情技巧。

第二版教材坚持"训为用，练为战"的训练思想，突出"教、学、练、战"一体化的实训模式，结合现代信息化教育技术等手段，以图文并茂的方式，从人体生理本能出发设置技战术，集理论讲授、技战术示范、典型案例分析及实践应用要求为一体，具有较强的指导性、实用性和可操作性，易理解，易掌握，可以作为院校人才培养和基层干警培训用教材，为培养更多具备高素质、高技能的警务人才贡献力量。

姜红升

2025 年 1 月

目　录

情境一　低武力突发警情处置

任务一　对罪犯私藏、传递、使用违禁违规物品的搜身、清查

一、模拟警情

某日出工期间，监区民警接到罪犯报告，罪犯甲私自携带绳段进入生活区。

警情诱导一：监区民警对所在监舍进行清查，在该犯储物柜内发现长 50cm 绳段一条。

警情诱导二：对罪犯甲进行搜身时，罪犯甲情绪有波动。

警情诱导三：监区民警问清绳段来源、私藏绳段原因，以及排除罪犯自杀风险，对罪犯甲予以考核分扣罚。

二、警情拓展

拓展任务一：对有现场作案嫌疑的警情盘查。

模拟警情：冬天某日的深夜两点，两名警察对辖区巡逻，经过某小区，发现一人慌慌张张从小区侧门出来，裹着厚厚的大衣，戴着帽子，东张西望，有盗窃嫌疑。

警情诱导：嫌疑人配合盘查，通过盘查嫌疑解除。

警务理论

科目一 警情处置的法律依据

一、任务一执法依据

《中华人民共和国人民警察法》

第二条 人民警察的任务是维护国家安全，维护社会治安秩序，保护公民的人身安全、人身自由和合法财产，保护公共财产，预防、制止和惩治违法犯罪活动。

人民警察包括公安机关、国家安全机关、监狱、劳动教养管理机关的人民警察和人民法院、人民检察院的司法警察。

第七条 公安机关的人民警察对违反治安管理或者其他公安行政管理法律、法规的个人或者组织，依法可以实施行政强制措施、行政处罚。

第九条 为维护社会治安秩序，公安机关的人民警察对有违法犯罪嫌疑的人员，经出示相应证件，可以当场盘问、检查；经盘问、检查，有下列情形之一的，可以将其带至公安机关，经该公安机关批准，对其继续盘问：

（一）被指控有犯罪行为的；

（二）有现场作案嫌疑的；

······

对被盘问人的留置时间自带至公安机关之时起不超过二十四小时，在特殊情况下，经县级以上公安机关批准，可以延长至四十八小时，并应当留有盘问记录。对于批准继续盘问的，应当立即通知其家属或者其所在单位。对于不批准继续盘问的，应当立即释放被盘问人。

经继续盘问，公安机关认为对被盘问人需要依法采取拘留或者其他强制措施的，应当在前款规定的期间作出决定；在前款规定的期间不能作出上述决定的，应当立即释放被盘问人。

第十一条 为制止严重违法犯罪活动的需要，公安机关的人民警察依照国家有关规定可以使用警械。

《中华人民共和国监狱法》

第三十九条第二款 监狱根据罪犯的犯罪类型、刑罚种类、刑期、改造表现等情况，对罪犯实行分别关押，采取不同方式管理。

第四十五条 监狱遇有下列情形之一的，可以使用戒具：

......

（二）罪犯有使用暴力行为的；

......

（四）罪犯有其他危险行为需要采取防范措施的。

前款所列情形消失后，应当停止使用戒具。

《山东监狱狱政管理工作标准》

注：本部分内容属内部资料，仅限监狱机关内部使用，具备身份者自行查阅。

第十四章 警械使用管理
第一节 配备及管理要求

第一条 配备标准

（一）、（二）、（三）

第二条 单警装备配备佩戴要求

值班民警应当按照下列规定配带单警装备：

（一）、（二）、（三）、（四）

第二节 警械使用

第一条 警棍、催泪喷射器

值班民警遇有下列情形之一，经警告无效的，可以当场使用警棍、催泪喷射器：

（一）、（五）、（七）

第四条 手铐、脚镣

值班民警遇有下列情形之一的，可以使用手铐、脚镣：

（三）

第五条 执法记录仪

开展下列现场执法活动，值班民警应当使用视音频执法记录仪进行全程不间断记录：

（二）、（四）、（六）、（七）

《监狱执法手册》

注：本部分内容属内部资料，仅限监狱机关内部使用，具备身份者自行查阅。

第十八章 枪支与戒具管理

第一条 警棍

警察在执勤过程中，遇有下列情形之一，经警告无效，可以使用警棍：

（二）、（四）

第二条 手铐脚镣

警察在执勤过程中，遇有下列情形之一的，可以使用手铐、脚镣：

（二）

《中华人民共和国人民警察使用警械和武器条例》

第二条 人民警察制止违法犯罪行为，可以采取强制手段；根据需要，可以依照本条例的规定使用警械；使用警械不能制止，或者不使用武器制止，可能发生严重危害后果的，可以依照本条例的规定使用武器。

第三条 本条例所称警械，是指人民警察按照规定装备的警棍、催泪弹、高压水枪、特种防暴枪、手铐、脚镣、警绳等警用器械；所称武器，是指人民警察按照规定装备的枪支、弹药等致命性警用武器。

第四条 人民警察使用警械和武器，应当以制止违法犯罪行为，尽量减少人员伤亡、财产损失为原则。

第六条 人民警察使用警械和武器前，应当命令在场无关人员躲避；在场无关人员应当服从人民警察的命令，避免受到伤害或者其他损失。

第八条 人民警察依法执行下列任务，遇有违法犯罪分子可能脱逃、行凶、自杀、自伤或者有其他危险行为的，可以使用手铐、脚镣、警绳等约束性警械：

（一）抓获违法犯罪分子或者犯罪重大嫌疑人的；

（二）执行逮捕、拘留、看押、押解、审讯、拘传、强制传唤的；

（三）法律、行政法规规定可以使用警械的其他情形。

人民警察依照前款规定使用警械，不得故意造成人身伤害。

二、拓展任务一执法依据

《中华人民共和国居民身份证法》

第十五条第一、二款　人民警察依法执行职务，遇有下列情形之一的，经出示执法证件，可以查验居民身份证：

（一）对有违法犯罪嫌疑的人员，需要查明身份的；

......

（五）法律规定需要查明身份的其他情形。

有前款所列情形之一，拒绝人民警察查验居民身份证的，依照有关法律规定，分别不同情形，采取措施予以处理。

《公安机关适用继续盘问规定》

第二条　本规定所称继续盘问，是指公安机关的人民警察为了维护社会治安秩序，对有违法犯罪嫌疑的人员当场盘问、检查后，发现具有法定情形而将其带至公安机关继续进行盘问的措施。

第五条　继续盘问工作由人民警察执行。严禁不具有人民警察身份的人员从事有关继续盘问的执法工作。

第七条　为维护社会治安秩序，公安机关的人民警察对有违法犯罪嫌疑的人员，经表明执法身份后，可以当场盘问、检查。

未穿着制式服装的人民警察在当场盘问、检查前，必须出示执法证件表明人民警察身份。

第八条　对有违法犯罪嫌疑的人员当场盘问、检查后，不能排除其违法犯罪嫌疑，且有下列情形之一的，人民警察可以将其带至公安机关继续盘问：

（一）被害人、证人控告或者指认其有犯罪行为的；

......

第九条　对具有下列情形之一的人员，不得适用继续盘问：

......

（二）经过当场盘问、检查，已经排除违反治安管理和犯罪嫌疑的；

......

第十一条　继续盘问的时限一般为十二小时；对在十二小时以内确实难以证

实或者排除其违法犯罪嫌疑的，可以延长至二十四小时；对不讲真实姓名、住址、身份，且在二十四小时以内仍不能证实或者排除其违法犯罪嫌疑的，可以延长至四十八小时。

前款规定的时限自有违法犯罪嫌疑的人员被带至公安机关之时起，至被盘问人可以自由离开公安机关之时或者被决定刑事拘留、逮捕、行政拘留、强制戒毒而移交有关监管场所执行之时止，包括呈报和审批继续盘问、延长继续盘问时限、处理决定的时间。

《城市人民警察巡逻规定》

第四条　人民警察在巡逻执勤中履行以下职责：

（一）维护警区内的治安秩序；

（二）预防和制止违反治安管理的行为；

（三）预防和制止犯罪行为；

……

（九）接受公民报警；

……

（十六）执行法律、法规规定由人民警察执行的其他任务。

第五条　人民警察在巡逻执勤中依法行使以下权力：

（一）盘查有违法犯罪嫌疑人的人员，检查涉嫌车辆、物品；

（二）查验居民身份证；

……

《公安机关人民警察现场制止违法犯罪行为操作规程》

第五条　公安民警制止违法犯罪行为过程中，应当对违法犯罪行为的危险性、可能还有未被发现的违法犯罪行为人等情况保持警惕，防止、减少自身伤亡。

第十一条　公安民警采取处置措施制止违法犯罪行为后，对可能脱逃、行凶、自杀、自伤或者有其他危险行为的违法犯罪行为人，可以使用手铐、警绳等约束性警械将其约束，并及时收缴其所持凶器。

第二十七条　公安民警制服违法犯罪行为人后，应当立即使用手铐、警绳等约束性警械将其约束。对受伤的违法犯罪行为人，应当及时采取适当措施救治。

《中华人民共和国治安管理处罚法》

第五十条　有下列行为之一的，处警告或者二百元以下罚款；情节严重的，处五日以上十日以下拘留，可以并处五百元以下罚款：

……

（二）阻碍国家机关工作人员依法执行职务的；

……

阻碍人民警察依法执行职务的，从重处罚。

第八十七条　公安机关对与违反治安管理行为有关的场所、物品、人身可以进行检查。检查时，人民警察不得少于二人，并应当出示工作证件和县级以上人民政府公安机关开具的检查证明文件。对确有必要立即进行检查的，人民警察经出示工作证件，可以当场检查，但检查公民住所应当出示县级以上人民政府公安机关开具的检查证明文件。

检查妇女的身体，应当由女性工作人员进行。

科目二　缉查概念

缉查，通常指民警执法过程中的清查、盘查和缉捕警务活动。

科目三　清查概念

清查，指民警对可能具有违规、违纪、违法或犯罪行为的罪犯、戒毒人员或嫌疑人等执法对象可能藏身落脚或来往出没的地点、场所进行清理和检查，从而发现或确认违规、违纪、违法和犯罪行为，并对其进行查处的重要措施。监狱民警以确保安全为目的，依照各项规章制度，在特定时间对监狱内特定区域、场所、设施、物品、人员开展清理和检查，及时、有效地发现不安全因素及其存在状况，最大限度地预知危险、消除隐患。

科目四　盘查

一、盘查的概念

盘查，指人民警察在执行勤务过程中，为维护公共安全，预防、发现、控制违法犯罪活动，对可能具有违规、违纪、违法或犯罪行为的罪犯、戒毒人员或嫌疑人等执法对象进行盘问，对其携带物品、驾乘机动车辆进行检查，以发现或确认其是否有违规、违法、犯罪行为或具有重大犯罪嫌疑的警务活动。

二、盘查的特点

1. 盘查行动具有较强的针对性和目的性。
2. 盘查对象的身份和行为具有不明确性。
3. 罪犯、戒毒人员或嫌疑人等执法对象的反抗行为具有突然性和不确定性。
4. 盘查具有要与缉捕相结合的特点。

三、盘查的原则

理性、平和、文明、规范，因情施策，确保安全。

四、盘查注意的问题

（一）保持相对优势

人数优势、警械武器优势、技能优势、方法方式等战术优势、站位配合优势、群众优势等。

（二）控制盘查现场

1. 对自身的语言控制（语气、方式等）。
2. 对罪犯、戒毒人员或嫌疑人等执法对象的语言控制（法律的告知、语言的威慑等）。
3. 对罪犯、戒毒人员或嫌疑人等执法对象的行为控制。
4. 对罪犯、戒毒人员或嫌疑人等执法对象的肢体控制。
5. 对罪犯、戒毒人员或嫌疑人等执法对象警械或武器的控制。

6. 对现场周边环境的控制。

五、盘查的基本程序

（一）确定盘查对象

1. 观察与确定。观察与确定是一种有目的的，比较系统的感知事物的过程。认真、细致、全面的观察是发现可疑人员或犯罪嫌疑人的前提，是确认盘查对象与已获知情况是否一致的首要条件。

2. 确定盘查对象的途径。执行任务中，需要民警在现场进行观察和判断，主要通过以下四种途径来确定盘查对象：

第一，群众举报或群众直接指认的人员。

第二，110报警台，指挥中心发出指令、通报所描述的人员。

第三，通缉、协查通报和网上追逃信息描述的人员。

第四，巡逻中发现具有异常情况以及正在实施违规、违法犯罪活动的人员。

3. 观察的主要内容。

第一，身份可疑的人。如身份证与本人不符的；穿着不合时令的；穿着与气质不相符的；语言、行为举止、携带物品相互矛盾的。

第二，行为可疑的人。如有异常表情或异常行为、在人群中溜进溜出的人；无所事事却在居民区、商场或者银行等地窥测的人；逼近妇女、儿童并与之同行的人；等等。

第三，体貌和面部表情可疑的人。体貌与被通缉罪犯或犯罪嫌疑人相似的；面带疲倦或惊慌恐惧之状的；身负可疑外伤或身染血迹的。

第四，携带可疑物品的人。携带物品类似作案工具的；携带大量现金的；携带包裹遮遮掩掩怕动怕碰的；携带物品类似毒品的。

第五，带有明显犯罪迹象。身负可疑外伤的；身上有血迹或污痕的；衣服被撕扯或破损严重的；自行车、摩托车、汽车的车锁有撬痕或车窗玻璃、车门损坏的。

第六，其他异常的可疑者。包括男女同行女方异常的；大人、小孩同行，不允许小孩说话或小孩有泪痕、表情惊恐、欲求搭救的；衣着不伦不类或衣着与行为反常的；等等。

（二）形势评估

针对不同警情，依据对方、我方、装备等客观因素，综合分析研判确定下一步战术。

（三）盘查地点选择

1. 宜明不宜暗。选择光线明亮之处，便于看清盘查对象身体形态、面部表情、携带物品及各种威胁行为。

2. 宜宽不宜窄。选择视野较为开阔，活动余地较大之处，便于观察周围情况，发现被盘查可疑人员同伙。在盘查中发现其为犯罪分子或重大犯罪嫌疑人时，也便于对目标实施缉捕。

3. 宜静不宜闹。尽可能选择人员流动少的僻静之处，避免盘查时人群围观，尽量缩小影响面，也使盘查人员问得清、听得明、判断准、处置得当。如果盘查对象突然逃窜或袭警，也便于盘查人员采取防卫和缉捕措施。

4. 宜简不宜繁。选择地形地物简单、平直、少弯，周围无复杂建筑物，无丛林，无高秆作物及高苗地之处。既便于控制盘查对象，又可防止其在逃窜反抗之时脱逃。

5. 宜近不宜远。盘查地点尽可能选在距公安局、派出所、治安岗亭、企事业单位门卫室、保卫科距离较近之处，既便于就近实施盘查工作，也便于就近取得支援。

（四）接近

根据研判选择合适的靠近嫌疑人的方式，主要有尾随跟踪接近、迂回接近、正面堵截接近三种方式。

（五）截停

截停指民警在适当时机、适宜地点并保持适当距离的情况下示意盘查对象停留下来的环节。主要有以口头命令方式截停、警械武器威慑方式截停、缉捕方式截停三种方式。

（六）战术站位控制

站位是指民警实施盘查时与盘查对象所处的位置。通过合理的站位，既能防止被盘查对象突然袭击，又便于对其进行控制。

站位控制是通过站位防止盘查对象逃跑、自伤或袭警，达到实施盘查的目的。在警察执行警务活动时，正确使用站位控制方法，对于有效控制、抓捕违法犯罪嫌疑人，保障民警自身安全起到至关重要的作用，主要分为基本警戒姿势和基本站位姿势。

（七）告诫警告

民警以稳控事态为原则，保持有效戒备距离站位，用模块化语言指令告知对象，指令涵盖行为违反的规定，以及不停止可能采取的措施（或造成的后果）。

例如当事犯可能发生此违规：你已违规，现在要求你配合民警指令，不要二次违规或我们正在执行勤务，有录音录像，请大家不要围观，妨碍到我们执勤，谢谢配合。

（八）人物分离

在盘查携带包、箱的罪犯、戒毒人员或嫌疑人时应先使人与物分离，再进行盘问和检查，防止在盘查过程中，盘查对象从包裹内掏取凶器抵抗。

（九）盘问

盘问是指民警通过对被盘查对象的情况进行询问发现或排除疑点的过程。在实际盘查活动中，可以借鉴和运用"十看十对"的方法：

看证件对姓名、看面貌对年龄。

看举止对职业、看原籍对口音。

看言行对学历、看衣着对身份。

看物品对来由、看同伴对关系。

看去向对方位、看神情对心态。

（十）检查

检查是指民警通过对盘查对象的证件、人身、行李物品及其所处环境、地点的检查以发现犯罪线索、获取犯罪证据、查明案情、缉捕犯罪嫌疑人的警务活动。监狱民警对进出内看守门禁的各类人员和随身物品进行安全检查，确保违禁、违规物品不流入监管区。检查主要包括证件检查、人身检查、物品检查。

1. 证件检查。证件检查是对可疑人员能够证明身份的证件依法进行盘问、检查的警务活动，监狱内看守民警依据相关规定，对进出内看守门禁人员的相应证明材料或证件采取人脸识别、人工对比或询问等方式，核实身份和合法合规进出事由。

在检查材料或证件时遵守下列规定：

（1）查验证件防伪暗记和标识，判定证件的真伪；

（2）查验材料或证件内容，进行人、证对照；

（3）注意被检查人的反应，视具体情况让持证人自述证件内容，边问边查；

（4）通过身份证识别仪器或者公安信息系统进行核对；

（5）检查证件时切忌低头，应举起证件目视检查人询问或盘问，时刻注意其反应。

2. 物品检查。物品检查是指民警依法对罪犯、戒毒人员或嫌疑人等执法对象进行盘问和检查的过程中，对被检查人所携带的行李、包裹等进行检查，以发现犯罪线索、获取犯罪证据、查明案情、缉捕犯罪嫌疑人的警务活动。监狱内看守民警对进出监区人员手机进行检查并妥善处理，对随身携带的包裹、提包、物品袋利用 X 光机安检。

3. 人身检查。人身检查是针对可能携带、藏匿危险物品和犯罪证据的罪犯、戒毒人员或嫌疑人等执法对象依法进行搜索、检查的行动过程。

（十一）盘查后工作

1. 对经过盘查解除怀疑的，应当立即归还证件、物品，礼貌予以放行，并做好解释工作："谢谢您的合作""很抱歉，耽误了您的时间"。

2. 对经过盘查不能解除其违法、犯罪嫌疑，但证据又不充分的，执勤民警应当采取一定的安全措施将其带回，按法定程序继续留置盘问。

3. 查获违法犯罪分子或者重大嫌疑人，应立即控制、抓捕并进一步搜身，同时将其凶器、赃物等证据一并移交有关部门。

4. 对醉酒人或精神病人，则应及时通知其工作单位或家属来领人，不允许放任不理。

5. 将盘查情况及时向上级领导报告。

科目五　物品检查

一、物品检查的概念

物品检查，是指民警依法对罪犯、戒毒人员或嫌疑人等执法对象进行盘问和检查的过程中，对嫌疑人所携带的行李、包裹等进行检查，以发现犯罪线索、获取犯罪证据、查明案情、缉捕犯罪嫌疑人的警务活动。

二、物品检查操作要求

1. 查验物品时，应与盘问同时进行，边查边问。不能让被盘查人自己打开包箱，如果必须让其自己开包、开箱，打开时也必须有民警在旁边监视，打开后应让被盘查人离开包箱一定距离，等待查验结果。

对于事先有可靠情报的物品查验，应准备查验工具或仪器。待拦截特定人、车之后，截下物品，拆开查验，获取证据。

2. 轻开、慢拉，谨慎开启，防止内有爆炸物。开启箱包之前，仔细观察，确定开启的方式。先轻轻挪动一下拉链、纽扣，看是否方法正确，以防将其损坏；同时，要注意拉链、纽扣上是否有机关，防止箱包内有爆炸装置。

3. 从上往下，轻拿轻放，顺序查验。对箱包内物品要用干净的布、塑料袋或者戴手套拿取，轻拿、轻放，不能掏底取物，更不能反复翻动。对有声、有味的物品，应当谨慎拿取；对赃物、凶器，不要大把抓，防止破坏痕迹。

4. 发现毒害性、爆炸性、腐蚀性、放射性或者传染性病原体等危险物质时，应当立即组织疏散现场人员，设置隔离带，封锁现场，及时报告，由专业人员进行排除。

5. 对于需没收或者扣押的各类违禁物品，应当会同在场见证人和被扣押物品持有人查点清楚，当场开列清单，及时上交有关部门。

6. 对可疑人员物品的检查主体必须是民警，这是法律赋予民警的权力。

7. 对涉及宗教及风俗的物品进行检查时，要小心慎重。

8. 查验女性的箱包时，尽量不要将所有物品取出或摊开，注意保护个人隐私。

科目六　危险物品

一、危险物品种类

具有爆炸性、易燃性、毒害性、腐蚀性、放射性等性质，在生产、运输、使用、储存和回收过程中易造成人员伤亡和财产损毁、需要特别防护的，都属于危险物品。

（一）爆炸物

爆炸物泛指能够引起爆炸现象的物质，例如炸药、雷管、黑火药等。粉尘、可燃气体、燃油、锯末等在特定条件下引起爆炸的物质，广义上也属于爆炸物。

（二）汽油、天然气

汽油为油品的一大类，是无色至淡黄色的易流动液体，空气中含量为 74~123 克/立方米时，遇火爆炸。

天然气是一种多组分的混合气体，若空气中浓度在 5%~15% 的范围内，遇明火即可发生爆炸，这个浓度范围即为天然气的爆炸极限。爆炸在瞬间产生高压、高温，其破坏力和危险性都是很大的。

（三）液体易燃物

液体炸药、有害液体物质、硝基甲烷、硫酸、汽油、天那水、丙酮、甲苯、煤油、汽油等可燃物。

（四）固体易燃物、过氧化物

固体易燃物系指燃点低，对热、撞击、摩擦敏感，易被外部火源点燃，燃烧迅速，并可能散发出有毒烟雾或有毒气体的固体。

过氧化物系指分子组成中含有过氧基的有机物，其本身易燃易爆，极易分解，对热、震动或摩擦极为敏感。

（五）腐蚀性物质

腐蚀性物质是指能灼伤人体组织并对金属等物品造成损坏的固体或液体。与皮肤接触在 4 小时内出现可见坏死现象。

（六）剧毒化学品

剧毒化学品是指有剧毒的化学品。通常此类化学品根据《危险化学品安全管理条例》受到公安部门管制，如氰化钾、三氯化磷、氰化钠、五氧化二钒等。此类化学品进入肌体后，累积达一定的量，能与体液和器官组织发生生物化学作用或生物物理学作用，扰乱或破坏肌体的正常生理功能，引起某些器官和系统暂时性或持久性的病理改变，甚至危及生命。

（七）放射性物质

放射性物质是指放射性比活度大于 7.4×10^4 贝克每千克的物品。主要来源于工业及医疗废料。

二、对人体的伤害途径

对人体的伤害途径主要包括直接吸入、身体吸收、皮肤污染。

三、现场处置措施

1. 辨别化学品种类。
2. 撤离、封控现场，疏散至上风口。
3. 堵截一切火源，不开灯，不动电器，关阀断气。
4. 加强自我防护。

四、物品检查特殊情况处理

1. 对疑似爆炸物、化工原料等具有挥发性的物品，通过扇、闻等方法，判断物品的性质。

2. 对可疑液体及粉末状、结晶状的物品，可取少许用纸包裹，然后用火点燃纸张，根据物品燃烧程度、状态等，判断其是否属于易燃易爆物品。

3. 对电子设备，通过开启关闭的方法检查其是否正常，防止其被改装为爆炸物。

4. 对通过上述方法，仍不能确定是否安全的物品一律不得带入。

科目七　人身检查

一、检查

检查，是指民警通过对盘查对象的证件、人身和物品的查验以发现犯罪线索、获取犯罪证据、查明案情、缉捕犯罪嫌疑人的警务活动。

二、人身检查

人身检查，也称为搜身，是指通过盘问和证件检查后，对罪犯、戒毒人员或嫌疑人等执法对象的嫌疑不能排除或者嫌疑得到确认后，依法对盘查对象的人身实施检查，进一步确定或排除其违法犯罪嫌疑的一种强制手段。主要是针对可能携带、藏匿危险物品和犯罪证据的可疑人员依法进行检查的行动过程。监狱人民警察根据工作实际，执勤民警搜身主要有常规人身检查、抽查人身检查和违规后人身检查。

人身检查主要包括站立式无依托人身检查、站立式有依托人身检查、戴铐人身检查、俯卧式人身检查等方式。

三、人身检查的目的

1. 确认或排除违规、违法犯罪嫌疑。
2. 及时清除收缴违规品或凶器等物品。
3. 防止罪犯、戒毒人员或嫌疑人等执法对象行凶，自伤自残。
4. 防止罪犯、戒毒人员或嫌疑人等执法对象继续违规、违法犯罪。
5. 及时发现收集违规、违法犯罪的痕迹物证。

四、人身检查的要求

1. 盘查对象已经被安全控制并失去反抗能力，在警戒人员的掩护下保持高度警惕对其进行检查，防止自身受到攻击和伤害。

2. 民警分工明确，负责警戒的民警不仅对盘查对象要加强戒备，对周边环境也要高度警戒。

3. 检查认真彻底，先搜双手、腰部、腋下，然后按照先上后下、先外后内、由右至左的顺序搜查，特别注意腋下、腰部、裆部及双腿内侧等可能藏匿凶器或者武器的部位。

4. 对无理由拒绝接受检查的嫌疑人，民警可依法将其带回公安机关继续盘问。

5. 对可能携带凶器、武器或者爆炸物品的嫌疑人检查时，应当先检查其有无凶器、武器和爆炸物品。如有，当场予以扣押，必要时可以先依法使用约束性警械，然后进行检查。

6. 对女性的人身检查，由女民警进行。可能危及民警人身安全或者直接危害公共安全的除外。

7. 当盘查对象有异常举动时，民警应当及时发出警告，命令其停止动作并做好自身防范，可以依法视情况使用警棍、催泪喷雾器及武器等予以制止。

五、人身检查的基本方法

1. 抚摸，手掌贴在嫌疑人身上缓慢移动，仔细感受是否有异状物。
2. 挤压，手掌用力按压，同时对突起部位用手指抓捏。
3. 翻撩，将宽大衣物翻开，将口袋外翻。

六、人身检查的部位

帽子、衣领、首饰、手心、指缝、腋下、腰间、皮带内侧、口袋暗兜、小腿部、鞋底、鞋垫、袜子等。

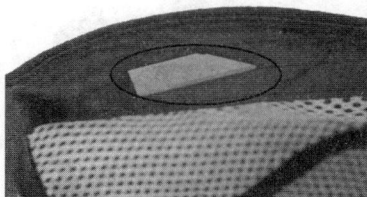

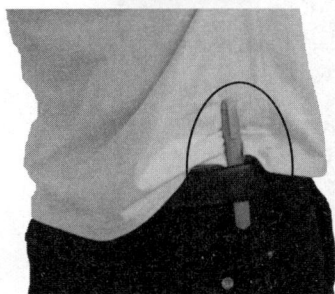

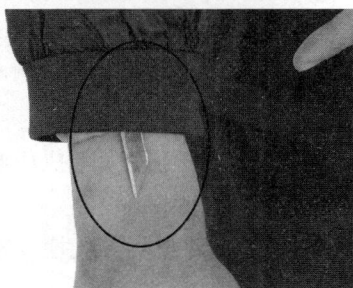

科目八　清监搜查

清监搜查是指监狱人民警察为了确保监管安全，对监管区内罪犯的生活、劳动、学习现场等区域的设施、物品进行安全搜查，防止罪犯私藏违禁、违规物品用于实施行凶、脱逃等违法违规活动。

警务技战术实战训练

科目一　人身检查手法技能

适用警情：
罪犯、戒毒人员或嫌疑人等执法对象被有效控制。

技能要领：
人身检查手法主要包括：抚摸、挤压、翻撩，不可轻拍轻摸。

1. 抚摸。

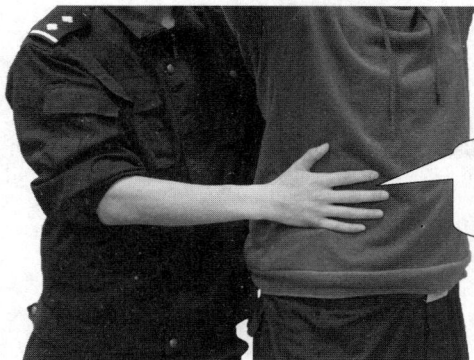

手掌贴在嫌疑人衣服上缓慢移动，用掌心感觉是否有异状物。

2. 挤压。

手掌用力按压，突起部位用手指抓捏。

3. 翻撩。

将嫌疑人衣服翻撩开，或者将其衣裤口袋翻开，露在外面进行检查。

科目二　盘问与证件检查技战术

适用警情：

罪犯、戒毒人员或嫌疑人等执法对象服从民警控制，实施战术盘问。

技战术要领：

主盘民警：姓名。

执法对象：某某。

主盘民警：身份证号是多少？

执法对象：3705××××。

主盘民警：请出示能够证明你身份的有效证件，用你的左手将证件慢慢取出。

技能要领： 令执法对象掏出证件，密切观察执法对象。

主盘民警：接证件，进行人证对比盘问查验。

技能要领： 主盘民警戒备移动，戒备民警戒备，主盘民警拉开有效实战距离用左手接证件，然后后退至安全距离，眼睛始终注视着执法对象，查验证件时，将证件举约同肩高，使证件与执法对象同处于视野范围内。

科目三　立姿无依托人身检查技战术

适用警情：

罪犯、戒毒人员或嫌疑人等执法对象被有效控制并且潜在危险较低。

技战术要领：

1. 有效截停后的战术站位（以策应站位为例）。主盘民警搭枪戒备，戒备民警隐藏式持棍戒备。

现依法对你进行人身检查，请予以配合。

2. 主盘民警语言控制。例：双手慢慢举起，十指分开，慢慢向后转身，两脚分开，脚尖向外，头向左转，双手十指交叉，放于脑后，掌心向后。

3. 接近。主盘民警两眼目视执法对象，提手戒备由执法对象右侧后方战术接近；战术接近后，左肘抵其两肩胛骨活动神经机能中心，左手折其大拇指，右手控其右肘，左脚内侧贴靠其右脚内侧，勾住其右脚，左膝顶其右小腿腘部。

4. 检查。

（1）主盘民警进行语言控制："不要乱动，否则后果自负！"左手抓握执法对象小指交叉处后拉，迫使执法对象身体重心后移，先对其腰部、腋下等重点部位进行检查，而后按由上向下、先外后内的顺序，对其身体右侧进行检查。

（2）右侧搜身完毕，语言警告后，先换手再换脚交换控制，主盘民警先用手势示意警戒警察战术站位到执法对象身体右后方的警戒位置。

（3）主盘民警命令执法对象头向右转，然后左脚向左跨一步，用右脚内侧贴靠执法对象左脚内侧，右膝顶其左腘部，用右手控制其左肘，右肘抵其左肩背部，语言控制。

（4）右手抓握执法对象小指交叉处后拉，迫使执法对象身体重心后移。对其身体左侧进行检查，顺序同右侧。

5．注意事项。

（1）立姿无依托人身检查控制力较弱，只用于武力威胁程度较低的执法对象。

（2）迫使执法对象身体重心后移，但不可将重心依靠在民警身上。

（3）遇到突发事件时，可及时后拉或前推执法对象，战术保持安全距离，再行处置。

科目四 物品检查技战术

适用警情：

罪犯、戒毒人员或嫌疑人等执法对象服从语言控制。

技战术要领：

1．有效截停后的战术站位（以策应战术站位为例），主盘民警语言控制。

依法对你的物品进行检查，请配合！

2. 人与物分离，控制物品。对执法对象的物品进行检查前，命令执法对象将箱包放在指定位置，令其离开一段距离，警察战术移动控制。

将包慢慢放在脚前方，慢慢后退，停！

3. 盘问。通过盘问搞清物品的性质、特性，并与检查结果相对照，才能确定是否属于违法、违禁及犯罪证据物品。

4. 检查。主盘民警在戒备民警的监控警戒下，在执法对象的视线内进行检查。物品检查通常是一问、二看、三听、四闻、五摸、六轻启。

（1）问，即盘问。询问物品的主人及箱、包内物品的种类和数量。

包内都有什么物品？有几个？什么颜色？用途？

（2）看，观察物品的外观是否异常，看包裹形状是否与对方表述的相符。

（3）听，确认箱、包内是否有异常声音。对录音机状、收音机状等疑似有定时爆炸装置的物品，可通过播放、收听方法，判断其是否正常。

（4）闻，确认箱、包内是否有异常味道。

（5）摸，通过手的触感判断箱、包内物品种类、大小、重量及形状，是否藏有管制、危险物品。

（6）开，轻拉慢解，物品从上到下，轻拿轻放，切忌掏底取物、倾倒查物、乱拉乱翻，检查后要按原顺序将物品装好，然后固定证据。

检查内层和夹层。沿箱（包）的各个侧面、边缘进行上下摸查，将所有的夹层、底层和内层小口袋检查一遍。

检查箱（包）内物品。逐件检查，已查和未查的物品应当分开放置，并做到整齐有序。

提示：严禁让执法对象自己打开携带物品。

（7）放，检查完毕后，应对箱（包）内物品恢复原状，视情况处置。

第一种情况：排除嫌疑，礼貌放行，并做好解释工作。

第二种情况：嫌疑未排，留置盘问。

第三种情况：发现可疑，果断处置。

科目五　背手上铐技战术

适用警情：

罪犯、戒毒人员或嫌疑人等执法对象服从语言控制，潜在危险达不到俯卧上铐的警情。

技战术要领：

1. 确认对象。

2. 形势评估。

3. 截停、策应战术站位。主盘民警搭枪戒备，戒备民警上开棍戒备。

4. 语言结合警械、武器控制。主盘民警："警察！别动！举起双手，抬高一点，慢慢转过身，动作慢一点，两腿分开，大一点，两脚尖朝两边分开，慢慢弯下腰，两手后背伸直，掌心朝上，四指并拢，拇指分开，头向左看！"

提示：语言控制迫使执法对象重心不稳，不利于其反抗观察警察动作。

5. 取铐、持铐、验铐。

6. 战术接近。接近速度要慢，时刻观察执法对象的动作，到达执法对象最长肢体进攻动作范围稍微停顿，观察执法对象，一旦发现对方有危险动作出现，及时后撤，警告并提升武力戒备。

7. 上铐。

（1）折指压腕左手上铐。

（2）折指压腕右手上铐，验铐环、上保险、押解带离。

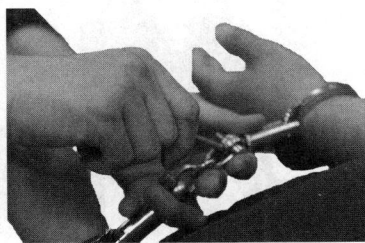

科目六　站立式无依托搜身技战术

适用警情：

罪犯、戒毒人员或嫌疑人等执法对象被有效背手上铐，并服从控制。

技战术要领：

1. 上铐后主盘民警语言控制并用左脚向外磕对方的双脚，使其最大限度叉开，左手折指压腕控制执法对象左手，右手控其肩，左脚内侧贴靠其右脚内侧，勾住其右脚，左膝顶其右小腿腘部，左手后拉迫使执法对象身体重心向左后移。

2. 主盘民警左手迅速抓、折、控执法对象右手大拇指，并后拉上提，语言控制执法对象头向右看，张开嘴，检查嘴内是否藏有危险品。

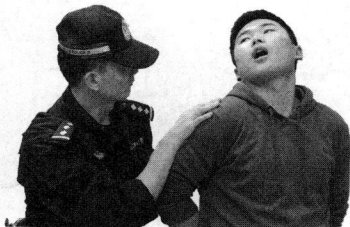

3. 按照立姿无依托搜身的技术折指压腕搜身。

4. 右侧搜身完毕，语言警告后，再对左侧搜身。

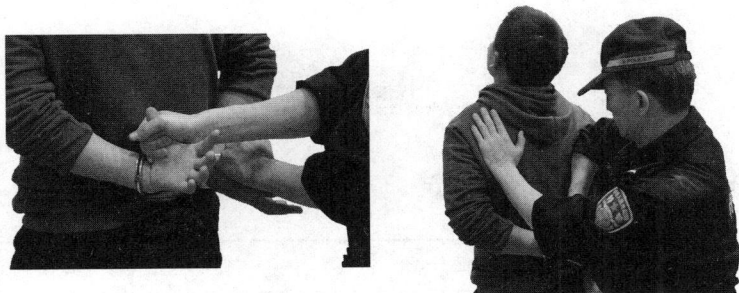

科目七　折腕抓肘押解带离技战术

适用警情：

罪犯、戒毒人员或嫌疑人等执法对象被有效背手上铐，且有效搜身，并服从控制。

技战术要领：

1. 战术站位。主盘、戒备民警分别站位在执法对象后边左、右两侧。

2. 控制。主盘民警位于执法对象左侧左手扶肘，右手折其腕，并上提，戒备民警位于执法对象右侧控制。

3. 押解带离。

警情处置

任务一的警情处置指引

一、分析研判——应急预案制定

执法程序	案情分析			案情判定
确定对象	罪犯甲被举报私藏绳段违规品。			确定清查、盘查对象。
形势评估	基本情况	罪犯甲被举报私藏绳段进入生活区，罪犯出工，生活区无其它罪犯。 不确定绳段是否在罪犯身上。		1. 查问情况； 2. 制止违规； 3. 调查询问； 4. 批评教育； 5. 实施处罚。
	分析研判	罪犯甲	罪犯近期表现良好。	1. 潜在风险低，提升安全意识，保持戒备距离； 2. 择机调查询问。
		执勤民警	双警携带单警装备。	有警力、装备优势。
		执法环境	出工时间，监舍没有人，罪犯集中。	1. 出工对监舍清查； 2. 择机调查询问。

续表

执法程序	案情分析		案情判定
应急预案	预案一	监区民警择机对罪犯甲所在监舍清查。	1. 打开执法记录仪； 2. 发现违规物品，固定证据； 3. 调查询问； 4. 善后处置。
	预案二	监区民警择机对罪犯甲盘查。	1. 打开执法记录仪； 2. 调查询问并搜身； 3. 固定证据； 4. 善后处置。
	预案三	罪犯甲不配合盘查。	1. 打开执法记录仪； 2. 语言控制； 3. 视情武力控制； 4. 询问并搜身； 5. 固定证据； 6. 善后处置。

二、预案实施

1. 打开执法记录仪，对罪犯甲所在监区清查。

警情诱导一：通过清查在该犯储物柜内发现长 50cm 绳段一条。

2. 打开执法记录仪，对罪犯甲询问。

3. 告知违规事由。主盘民警："从你的储物柜发现绳段，绳段是从哪里来的，你要做什么用。"

警情诱导二：罪犯甲以民警大题小做为由，以默声、顶撞等非暴力方式消极回答问题。

4. 劝告。主盘民警："绳段属于违禁违规物品，为了能够更好地解决问题，并能够澄清不是故意，所以必须配合。"

警情诱导三：罪犯甲抵触并大声吆喝。

5. 告知。主盘民警"保持冷静！不要二次违规！否则采取强制措施！"。

警情诱导四：罪犯甲配合。

6. 站立式无依托搜身。主盘民警语言控制："双手慢慢举起，十指分开，慢慢向后转身，两脚分开，脚尖向外，头向左转，双手十指交叉，放于脑后，掌心向后。"

警情诱导五：通过检查，未发现绳段及其它违禁物品，罪犯甲未说明绳段的用途。

7. 上铐控制。

8. 折腕抓肘押解带离至高戒备监区单独关押等待审讯。

9. 善后处置，固定证据。

任务二　罪犯抗拒劳动违规查处的警情控制

一、模拟警情

某监狱生产车间内，罪犯甲对违纪扣分处理不满意，消极抗拒劳动。

警情诱导：监区执勤民警给罪犯甲详细解释罪犯计分考核管理规定细节，经反复、多途径教育、解释，罪犯甲始终不认同解释，认为民警公报私仇，抗拒劳动对抗民警管教。

二、警情拓展

拓展任务二：庭审中恶语相加，毁坏物品的警情控制。

模拟警情：某日，某市中级人民法院对一起拆迁引发的贪污受贿案件进行审理。

警情诱导：从审判长核对被告人信息开始，被告人就不肯配合，消极抵抗。当公诉人宣读起诉书时，被告人当庭失控，拿起话筒大声喧哗，哄闹法庭，无视法庭纪律，见此情景，审判长宣布暂时休庭。

警务理论

科目一 警情处置的法律依据

一、任务二执法依据

《中华人民共和国人民警察法》

第二条 人民警察的任务是维护国家安全，维护社会治安秩序，保护公民的人身安全、人身自由和合法财产，保护公共财产，预防、制止和惩治违法犯罪活动。

人民警察包括公安机关、国家安全机关、监狱、劳动教养管理机关的人民警察和人民法院、人民检察院的司法警察。

第八条 公安机关的人民警察对严重危害社会治安秩序或者威胁公共安全的人员，可以强行带离现场、依法予以拘留或者采取法律规定的其他措施。

第十一条 为制止严重违法犯罪活动的需要，公安机关的人民警察依照国家有关规定可以使用警械。

第十八条 国家安全机关、监狱、劳动教养管理机关的人民警察和人民法院、人民检察院的司法警察，分别依照有关法律、行政法规的规定履行职权。

第三十五条 拒绝或者阻碍人民警察依法执行职务，有下列行为之一的，给予治安管理处罚：

（一）公然侮辱正在执行职务的人民警察的；

（二）阻碍人民警察调查取证的；

……

（五）有拒绝或者阻碍人民警察执行职务的其他行为的。

以暴力、威胁方法实施前款规定的行为，构成犯罪的，依法追究刑事责任。

《中华人民共和国监狱法》

第四十五条 监狱遇有下列情形之一的，可以使用戒具：

（一）罪犯有脱逃行为的；

（二）罪犯有使用暴力行为的；

（三）罪犯正在押解途中的；

（四）罪犯有其他危险行为需要采取防范措施的。

前款所列情形消失后，应当停止使用戒具。

第四十六条　人民警察和人民武装警察部队的执勤人员遇有下列情形之一，非使用武器不能制止的，按照国家有关规定，可以使用武器：

（一）罪犯聚众骚乱、暴乱的；

（二）罪犯脱逃或者拒捕的；

（三）罪犯持有凶器或者其他危险物，正在行凶或者破坏，危及他人生命、财产安全的；

（四）劫夺罪犯的；

（五）罪犯抢夺武器的。

使用武器的人员，应当按照国家有关规定报告情况。

《山东监狱狱政管理工作标准》

注：本部分内容属内部资料，仅限监狱机关内部使用，具备身份者自行查阅。

第十四章　警械使用管理
第一节　配备及管理要求

第一条　配备标准

（一）、（二）、（三）

第二条　单警装备配备佩戴要求

值班民警应当按照下列规定配带单警装备：

（一）、（二）、（三）、（四）

第二节　警械使用

第一条　警棍、催泪喷射器

值班民警遇有下列情形之一，经警告无效的，可以当场使用警棍、催泪喷射器：

（二）、（五）、（七）

第四条　手铐、脚镣

值班民警遇有下列情形之一的，可以使用手铐、脚镣：

（三）

第五条 执法记录仪

开展下列现场执法活动，值班民警应当使用视音频执法记录仪进行全程不间断记录：

（二）、（四）、（六）、（七）

《监狱执法手册》

注：本部分内容属内部资料，仅限监狱机关内部使用，具备身份者自行查阅。

第十八章 枪支与戒具管理

第一条 警棍

警察在执勤过程中，遇有下列情形之一，经警告无效，可以使用警棍：

（二）、（四）

第二条 手铐脚镣

警察在执勤过程中，遇有下列情形之一的，可以使用手铐、脚镣：

（二）

《中华人民共和国人民警察使用警械和武器条例》

第二条 人民警察制止违法犯罪行为，可以采取强制手段；根据需要，可以依照本条例的规定使用警械；使用警械不能制止，或者不使用武器制止，可能发生严重危害后果的，可以依照本条例的规定使用武器。

第三条 本条例所称警械，是指人民警察按照规定装备的警棍、催泪弹、高压水枪、特种防暴枪、手铐、脚镣、警绳等警用器械；所称武器，是指人民警察按照规定装备的枪支、弹药等致命性警用武器。

第八条 人民警察依法执行下列任务，遇有违法犯罪分子可能脱逃、行凶、自杀、自伤或者有其他危险行为的，可以使用手铐、脚镣、警绳等约束性警械：

......

（二）执行逮捕、拘留、看押、押解、审讯、拘传、强制传唤的；

......

人民警察依照前款规定使用警械，不得故意造成人身伤害。

第九条 人民警察判明有下列暴力犯罪行为的紧急情形之一，经警告无效的，可以使用武器：

……

（十）以暴力方法抗拒或者阻碍人民警察依法履行职责或者暴力袭击人民警察，危及人民警察生命安全的；

（十一）在押人犯、罪犯聚众骚乱、暴乱、行凶或者脱逃的；

……

（十五）法律、行政法规规定可以使用武器的其他情形。

人民警察依照前款规定使用武器，来不及警告或者警告后可能导致更为严重危害后果的，可以直接使用武器。

二、拓展任务二执法依据

《人民法院司法警察条例》

第二条　人民法院司法警察是中华人民共和国人民警察的警种之一。

第三条　人民法院司法警察的任务是预防、制止和惩治妨碍审判活动的违法犯罪行为，维护审判秩序，保障审判工作顺利进行。

第七条　人民法院司法警察的职责：

（一）维护审判秩序；

……

第八条第一款　在法庭审判过程中，人民法院司法警察应当按照审判长或者独任审判员的指令，对违反法庭规则，哄闹、冲击法庭，侮辱、诽谤、威胁、殴打司法工作人员、诉讼参与人或者其他人员等扰乱法庭秩序的，依法予以强行带离，执行罚款或者拘留。

《人民法院司法警察看管规则》

第五条　司法警察执行看管时：

……

（三）对被告人一般不使用械具。对重刑犯或有迹象表明可能行凶、脱逃、自杀、自残的被告人，经批准可以使用警械具。对重刑犯，应面对面进行看管。

……

《人民法院司法警察值庭规则》

第二条 值庭是人民法院司法警察在法庭审判活动中，为维护法庭秩序，保证参与审判活动人员的安全，保证审判活动顺利进行所实施的职务行为。

第五条 司法警察值庭的职责：

……

（五）制止妨害审判活动的行为。

第十二条 对旁听人员违反下列法庭纪律的，值庭的司法警察应当予以劝阻、制止：

……

（三）鼓掌、喧哗、哄闹；

（四）擅自发言、提问；

……

第十三条 对下列行为，值庭的司法警察可以依法采取强制措施：

……

（二）严重违反法庭纪律，经劝阻、制止无效的；

（三）哄闹、冲击法庭，侮辱、威胁、殴打参与审判活动人员等严重扰乱法庭秩序的。

第十四条 司法警察值庭时可以采取的强制措施包括：责令退出、强制带离、强行扣押、收缴、检查等。

科目二　警务语言

监狱民警警务语言是指监狱人民警察在狱内执法执勤的过程中，为达成维护恢复监管秩序、警示罪犯服从意识、规范纠违行为和固定关键证据等目的，所使用的程式化的法律专业用语。

科目三　押解带离

押解带离指在警务行动中，民警利用技战术有效控制罪犯、戒毒人员或嫌疑人等执法对象，依法将其由一个地点带至另一个地点的警务行动。

一、押解带离的基本要求

1. 女性的押解带离必须有女警参加。

2. 押解带离时民警在罪犯、戒毒人员或嫌疑人的侧后方，切忌并行或在前方。

3. 押解带离中随时观察，了解罪犯、戒毒人员或嫌疑人的情绪变化，防止其与其他人接触或以暗语示意，防止发生在途中逃脱、自杀等事故。

4. 押解带离以车辆带离为主，原地看管、等候车辆支援时或情况不允许、需要徒步带离时，尽量快速前进，避开闹市区、人烟荒芜区。

5. 上铐押解带离时，对有自杀、自伤等倾向且需立即带离或押解的，可在其手腕处或手铐上使用毛巾等进行保护。但必须注意警戒，进行衬垫后，铐环较容易从手掌脱出。

二、押解带离的类型

依据警情的不同，押解带离主要分为徒手押解带离、警械控制押解带离和武器控制押解带离三种类型。

警务技战术实战训练

科目一　语言控制技能

适用警情：

罪犯、戒毒人员或嫌疑人等执法对象的对抗仅限在语言不服从或消极对抗阶段。

技能要领：

1. 告知。民警侧身戒备，双眼目视执法对象，在保证安全距离的前提下语言控制："请保持冷静，退后！否则采取强制措施！"

　　2. 劝告。民警搭手戒备，双眼目视执法对象，在保证安全距离的前提下语言控制："保持冷静！蹲下，否则武力控制！"

　　3. 警告。民警搭枪（或其它优势警、枪械）戒备，双眼怒视执法对象，在保证安全距离的前提下语言控制："保持冷静！配合我们执法！否则警械控制！"

保持冷静！配合我们执法！否则警械控制！

科目二 接近技战术

适用警情：

依据不同警情，采取相对应武力级别的技战术接近。

技战术要领：

1. 尾随跟踪接近。接近条件不成熟，不利于立即实施战术行动的，不要贸然接近，以免过早暴露行动意图，应当隐蔽跟踪监视，报告情况，请求增援，寻找、创造实施战术的最佳时机。

2. 迂回接近。当正面接近执法对象的时机不成熟时，首先要消除对方的戒备心理，采取迂回跟踪的方法，选择成熟的时机和适当的地点，突然接近实施盘问。

3. 正面堵截接近。民警直接从执法对象的正面采用不同戒备姿势截停并实施盘查。

科目三　截停技能

适用警情：

盘查地点确定后，对罪犯、戒毒人员或嫌疑人等执法对象采取相应武力等级截停控制。

模拟警情：罪犯甲擅自离开规定的区域。

技能要领：

第一步：战术站位；

第二步：距离截停对象约 2~3 米处，根据不同武力级别发出截停口令"罪犯甲！站住！""回号房""你的超越警戒线行为已影响正常监管改造秩序，如不退回，将对你采取严管。"

第三步：截停，同时迅速戒备姿势战术站位。

你的超越警戒线行为已影响正常监管改造秩序，如不退回，将对你采取严管。

你已违规，现在要求你配合民警指令，不要二次违规。

科目四 战术站位控制技战术

战术站位控制是实施战术警务时民警之间、民警与罪犯、戒毒人员或嫌疑人等执法对象之间所处的位置关系。主要包括单警一对一站位形式和多警小组站位形式。

一、单警一对一站位形式

技战术要领：

民警距执法对象 1.5~2 米；侧身站立于执法对象左手侧；眼睛注视对方上部身体，特别是双手、肩部和眼睛。并进行语言控制："左手取××物品，左手慢慢递过来！"

二、多警小组站位形式

（一）侧应站位

适用警情：

侧应站位通常在执法对象背靠建筑物或其他阻挡其退路的障碍物时使用。

技战术要领：

盘问民警戒备站位在执法对象左前侧 1.5~2 米处，戒备民警戒备站位其右前侧 2~3 米处，两名民警与执法对象形成 90 度的夹角，便于相互策应。

（二）三角站位

适用警情：

三角站位一般在比较空旷的地带战术警务时使用。站位时，主盘民警位于被执法对象前方，另两名民警在被执法对象身后两侧进行警戒。

技战术要领：

三名民警成等边三角形戒备站立，将执法对象控制在中间，与其形成 1.5～2 米的距离。

（三）半弧形站位

适用警情：

半弧形站位通常在被执法对象背靠建筑物或有其他阻挡其退路的障碍物时使用。

技战术要领：

3 名民警面向执法对象以半弧形戒备站立，与其距离 1.5～2 米。

（四）前后站位

适用警情：

前后夹击站位适合于在狭窄走廊、通道等场景时使用。

技战术要领：

负责盘问的民警侧身站位于执法对象左侧前方，负责戒备的民警在执法对象右侧后方，两名民警距离执法对象1.5~2米的距离，并形成135度的夹角。在没有依托的情况下，可以有效地控制执法对象。

三、执法中应着重把握的问题

1. 安全距离要合理。
2. 民警沟通要默契。
3. 警力优势要突出。
4. 站位转换要及时。

科目五　手腕防抓解脱技能

适用警情：

民警戒备手被罪犯、戒毒人员或嫌疑人等执法对象双手抓握。

技能要领：

1. 民警重心后移，双眼目视执法对象，并语言控制"你涉嫌袭警，立刻松手！"同时被抓手握拳收紧。

2. 民警右手由下往上抓握左拳，撤左腿的同时顺势斜向下拉。

3. 解脱后战术移动保持有效戒备距离并取棍。

4. 应急开棍搭肩戒备，并进行语言控制："保持冷静！退后！否则使用伸缩警棍！"

科目六　蹲姿体前上铐技战术

适用警情：

民警对蹲姿罪犯、戒毒人员或嫌疑人等执法对象体前上铐，左手上铐控制后执法对象突然不服从控制，转身谩骂民警。

技战术要领：

1. 语言控制。主盘民警战术撤退的同时，戒备民警应急开棍戒备，并进行语言控制："保持冷静，否则使用伸缩警棍！"然后，主盘民警再次进行语言控制："蹲下，保持冷静，否则后果自负！"

2. 控制左手。主盘民警战术戒备，接近执法对象，左手折指、压腕控制其左手，然后右手取铐，内旋形成背手铐。

3. 上铐右手。在低姿戒备的基础上，左手抓握执法对象右掌外侧，内旋的同时压腕上铐控制。

科目七　折指扶肘押解带离技战术

适用警情：

罪犯、戒毒人员或嫌疑人等执法对象体前上铐完毕，服从民警控制，预判存在较低潜在危险。

技战术要领：

1. 主盘民警位于执法对象的右后侧，左手抓握控制执法对象肘关节，拇指控制肘部活动机能神经中心，左手向内推肘部的同时，右手向外拉，折压中指和食指。戒备民警技战术要领相反。

2. 两民警合力控制押解带离。

警情处置

任务二的警情处置指引

一、分析研判——应急预案制定

执法程序	案情分析			案情判定
确定对象	罪犯甲不服从管教，抗拒劳动。			确定执法教育对象。
形势评估	基本情况	罪犯甲不满意监区执勤民警扣分，抗拒劳动，不服从管教。		1. 查明原因； 2. 实施教育； 3. 坚决惩处； 4. 包夹防控。
	分析研判	罪犯甲	激情情绪状态下的应激反应，爆发性的情绪状态，情绪亢奋。	1. 潜在风险较高，提升安全意识，保持戒备距离； 2. 带离处理。
		执勤民警	多警并携带单警装备。	有警力、装备优势。
		执法环境	生产车间。	1. 罪犯密集，物品较多； 2. 隔离处理。
应急预案	预案一	语言控制有效，罪犯甲配合。		1. 打开执法记录仪、战术站位； 2. 说服教育； 3. 告诫立即参与劳动以减轻处罚和消除影响； 4. 包夹防控。
	预案二	罪犯甲抓握执勤民警消极对抗。		1. 打开执法记录仪； 2. 防抓技能解脱； 3. 战术站位、说服教育； 4. 体前上铐控制、带离； 5. 固定证据； 6. 善后处置。

执法程序	案情分析		案情判定
	预案三	罪犯甲自杀、自伤。	1. 打开执法记录仪； 2. 距离近民警控制手或物体，阻止进一步的伤害； 3. 支援民警控制颈或腰部； 4. 上铐搜身带离； 5. 固定证据； 6. 善后处置。

二、预案实施

1. 打开执法记录仪，策应战术站位。主盘民警搭手戒备，戒备民警隐藏式持棍戒备。

2. 告知。主盘民警进行语言控制："某某，现在是劳动时间，你采取闹意见的方式拒绝劳动只能是错上加错，你立即参与劳动以减轻处罚和消除影响！"

警情诱导一：罪犯甲不服从民警告知，辱骂并离开工位。

3. 警告。主盘民警进行语言控制："保持冷静！立刻回到工位！谈话全程录音录像，否则我们将采取强制措施！"

戒备民警："无关罪犯、继续劳动，否则后果自负。"

警情诱导二：罪犯甲双手抓住主盘民警戒备手手腕倾诉。

4. 民警采用手腕防抓解脱技能解脱。

5. 警告。主盘民警进行语言控制："保持冷静，你已违规，现在要求你配合民警指令，不要二次违规，否则武力控制！"

警情诱导三：罪犯甲服从民警警告。

6. 体前上铐控制。

警情诱导四：左手上铐后，执法对象突然站起转身不服从控制。

7. 战术站位，戒备控制。戒备民警上开棍戒备。主盘民警进行语言控制："保持冷静，退后！蹲下！否则后果自负！"

8. 蹲姿体前上铐、搜身、折指扶肘押解带离。

9. 善后处置，固定证据。

情境二　罪犯阻碍民警执法行为的应急处置

任务三　非暴力言行阻碍民警执法的警情控制

一、模拟警情

某日生产车间卸货区，罪犯甲与质检罪犯乙发生争执，民警到场，在询问、调解过程中，罪犯甲对民警处罚不满意，产生各种阻碍执法的言行。

警情诱导：罪犯情绪亢奋，不服从执勤民警的控制，民警控制过程中，突然骑上运输的非机动车，并大声扬言"我不服，我要投诉"，截停控制后，坐地默声对抗，民警在劝说中被罪犯甲抱住大腿欲啃咬。

二、警情拓展

拓展任务三：对无牌无证电动车检查的警情车辆查控。

模拟警情：某日下午，某市交警对主要路口无牌无证违法电动车集中整治，一男子骑电动自行车走人行横道并逆行。

警情诱导：民警拦截劝说，甲某不听从民警劝阻强行离开，人车分离，嫌疑人不服从，要民警出示执法证，煽动已经被扣车处理人，甲某抱住民警大腿，并啃咬。

警务理论

科目一　警情处置的法律依据

一、任务三执法依据

《中华人民共和国人民警察法》

第六条　公安机关的人民警察按照职责分工，依法履行下列职责：

……

（二）维护社会治安秩序，制止危害社会治安秩序的行为；

（三）维护交通安全和交通秩序，处理交通事故；

……

第七条　公安机关的人民警察对违反治安管理或者其他公安行政管理法律、法规的个人或者组织，依法可以实施行政强制措施、行政处罚。

第九条　为维护社会治安秩序，公安机关的人民警察对有违法犯罪嫌疑的人员，经出示相应证件，可以当场盘问、检查；

……

第十一条　为制止严重违法犯罪活动的需要，公安机关的人民警察依照国家有关规定可以使用警械。

第二十三条　人民警察必须按照规定着装，佩带人民警察标志或者持有人民警察证件，保持警容严整，举止端庄。

第三十五条　拒绝或者阻碍人民警察依法执行职务，有下列行为之一的，给予治安管理处罚：

（一）公然侮辱正在执行职务的人民警察的；

……

（五）有拒绝或者阻碍人民警察执行职务的其他行为的。

以暴力、威胁方法实施前款规定的行为，构成犯罪的，依法追究刑事责任。

《中华人民共和国监狱法》

第三十九条第二款　监狱根据罪犯的犯罪类型、刑罚种类、刑期、改造表现等情况，对罪犯实行分别关押，采取不同方式管理。

第四十五条　监狱遇有下列情形之一的，可以使用戒具：

……

（二）罪犯有使用暴力行为的；

……

（四）罪犯有其他危险行为需要采取防范措施的。

前款所列情形消失后，应当停止使用戒具。

《山东监狱狱政管理工作标准》

注：本部分内容属内部资料，仅限监狱机关内部使用，具备身份者自行查阅。

第十四章　警械使用管理
第一节　配备及管理要求

第一条　配备标准（参照任务一）

第二条　单警装备配备佩戴要求

值班民警应当按照下列规定配带单警装备（参照任务一）

第二节　警械使用

第一条　警棍、催泪喷射器

值班民警遇有下列情形之一，经警告无效的，可以当场使用警棍、催泪喷射器：

（五）、（六）、（七）

第四条　手铐、脚镣

值班民警遇有下列情形之一的，可以使用手铐、脚镣：

（二）、（三）

第五条　执法记录仪

开展下列现场执法活动，值班民警应当使用视音频执法记录仪进行全程不间断记录（参照任务一）

《监狱执法手册》

注：本部分内容属内部资料，仅限监狱机关内部使用，具备身份者自行查阅。

第十八章　枪支与戒具管理

第一条　警棍

警察在执勤过程中，遇有下列情形之一，经警告无效，可以使用警棍：

（三）、（四）

第二条　手铐脚镣

警察在执勤过程中，遇有下列情形之一的，可以使用手铐、脚镣：

（二）、（四）

《中华人民共和国人民警察使用警械和武器条例》

第2、3、4、6条（参照任务一）

第七条　人民警察遇有下列情形之一，经警告无效的，可以使用警棍、催泪弹、高压水枪、特种防暴枪等驱逐性、制服性警械：

……

（六）袭击人民警察的；

（七）危害公共安全、社会秩序和公民人身安全的其他行为，需要当场制止的；

（八）法律、行政法规规定可以使用警械的其他情形。

……

第八条　人民警察依法执行下列任务，遇有违法犯罪分子可能脱逃、行凶、自杀、自伤或者有其他危险行为的，可以使用手铐、脚镣、警绳等约束性警械：

……

（二）执行逮捕、拘留、看押、押解、审讯、拘传、强制传唤的；

……

二、拓展任务三执法依据

《公安机关人民警察现场制止违法犯罪行为操作规程》

第六条　采取处置措施前，公安民警应当表明身份并出示执法证件，情况紧急来不及出示执法证件的，应当先表明身份，并在处置过程中出示执法证件；着制式警服执行职务的，可以不出示执法证件。

《城市人民警察巡逻规定》

第四条　人民警察在巡逻执勤中履行以下职责：

……

（七）维护交通秩序；

……

第五条　人民警察在巡逻执勤中依法行使以下权力：

（一）盘查有违法犯罪嫌疑的人员，检查涉嫌车辆、物品；

……

（四）纠正违反道路交通管理的行为；

……

科目二　民警证件出示

一、民警执法时出示执法证件原则

1. 根据有关规定，人民警察证是民警身份和依法执行职务的凭证和标志，公安民警执法时应当随身携带；人民警察制式服装及其标志为人民警察专用，其他任何单位和个人不得持有和使用。

2. 民警着制式警服执法时，应当口头向执法对象表明执法身份，不用主动出示人民警察证；如果执法对象要求出示，则应当出示。

3. 民警着便衣执法时，应当主动出示人民警察证。

4. 在遇到严重暴力犯罪等紧急情况下，民警应当先口头表明身份并立即采取必要的处置措施，在处置过程中或待危险排除后再出示。

二、民警执法时被索要执法证处置原则

1. 执法记录仪获取证据。

2. 出警一定带警官证。

3. 按着装要求规范着装。

4. 索要证件警情，依法出示。

5. 故意刁难的，依法提升武力级别。

科目三　非暴力言行阻碍民警执法的界定

非暴力言行阻碍民警执法是指民警在各种执法执勤过程中，遭到当事犯或他犯以故意用默声阻碍、言语顶撞和扬言投诉等方式阻碍监狱人民警察依法履行职责的违规行为。

警务技战术实战训练

科目一　语言控制技能

适用警情：

罪犯、戒毒人员或嫌疑人等执法对象对民警执法消极抵抗或者语言抵抗。

技战术要领：

1. 告知警情。

保持冷静！执法记录仪已经全程录像，根据《人民警察法》第三十五条第一款，你的行为已经涉嫌阻碍公务！停止违法行为！"

2. 劝告警情。

即刻起，如果你停止该行为，我将不予以追究，否则将给予XX处罚！

3. 警告警情。

据《人民警察法》第三十五条，以威胁方式阻碍执法的，我们将会追究你的刑事责任！

科目二 人车分离技战术

适用警情：

骑双轮电动自行车的罪犯、戒毒人员或嫌疑人等执法对象，被民警截停后不服从控制，双手抓紧车把，拒绝下车接受检查。

技战术要领：

一、三角战术站位

主盘民警搭手戒备，战术站位于执法对象左手前侧；戒备民警搭手戒备站位于右手前侧；机动民警位于机动车右后侧，同时兼顾维持外围秩序。戒备民警进行语言控制的同时，右手抓握车把，并反拧；机动民警拉控车后座；主盘民警左手抓握车把，右手扶其肘，并进行语言控制："停止你的不法行为，拔下钥匙。"戒备民警趁机左手拔下车钥匙。

警情诱导一：执法对象不服从语言控制，欲推车离开。

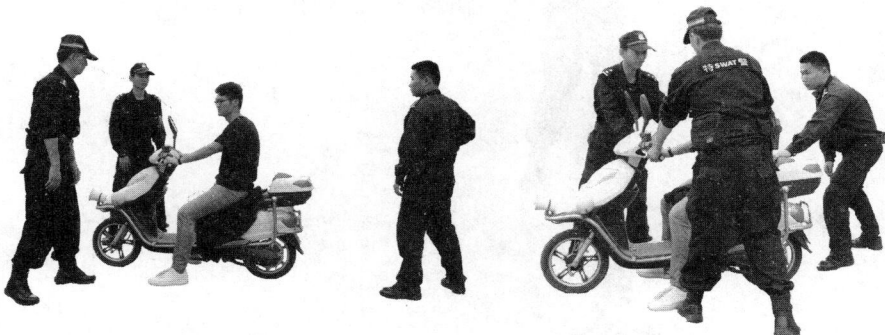

二、武力控制

主盘民警左手抓握车把，控制执法对象左手，右手按控其肘部活动机能神经中心；戒备民警右手抓握车把，控制其右手，左手控制执法对象肘部活动机能神经中心；机动民警拉住后座。主盘民警语言控制："保持冷静，下车！否则采取强制措施！"

警情诱导二：执法对象不服从。

三、人车分离

主盘民警语言控制："下车！否则武力控制！"右手拇指抠压执法对象肘外侧活动机能神经中心，四指抠压其肘内侧活动机能神经中心，左手按压其左手虎口活动机能神经中心；戒备民警动作相反，合力迫使执法对象人车分离，机动民警控制嫌疑车辆。

科目三　　被抱腿解脱技战术

适用警情：

执法中，罪犯、戒毒人员或嫌疑人等执法对象消极抵抗抱着民警大腿不放，情绪激动欲啃咬民警。

技战术要领：

1. 以执法对象抱住民警右腿为例，民警为防止被咬，戒备式面对执法对象站位，俯下身子，双手成戒备式。左手戒备执法对象下巴处，右手戒备于执法对象左耳根处，对执法对象进行劝说和法治教育，并进行语言控制："你的行为已经涉嫌妨碍公务，执法记录仪已经全程录像。松手，否则对你采取强制措施！"

2. 警告无效，执法对象啃咬民警大腿，民警左手成八字掌，掌根抵住执法对象下巴，斜向上推，改变其用力方向，右手中指控制耳根神经机能中心，并大喊"咬人了"，同时进行语言控制："停止你的违法行为，否则武力控制！"

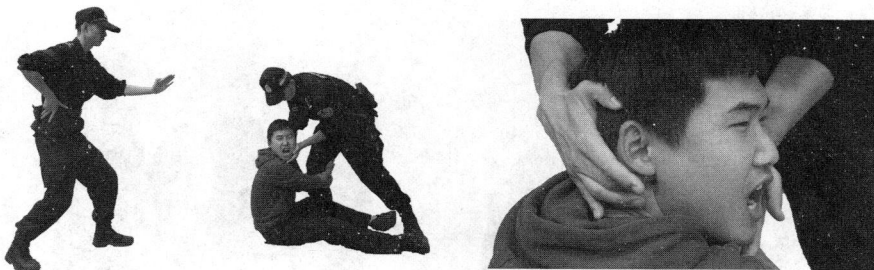

警情诱导一：民警解脱双手外推的同时，被抱右腿后拉，迅速解脱，取催泪喷射器戒备，重新控制。

警情诱导二：民警解脱失败。

1. 戒备民警从执法对象后侧，右膝顶住其腰背部，双手中指扣压其耳根活动机能神经中心，进行语言控制的同时，迫使执法对象起立。

2. 执法对象站起的同时主盘民警后撤右腿解脱，折臂控肩压颈押解带离。

科目四　被抱腿被啃咬解脱技战术

适用警情：

执法中，对罪犯、戒毒人员或嫌疑人等执法对象抱住主盘民警的大腿，哭诉被冤枉，阻碍执法。经民警劝说无效后，啃咬民警。

主盘民警及时有效阻止啃咬，执法环境要求迅速让执法对象站立。

技战术要领：

1. 主盘民警提手戒备，俯下身子弯腰进行劝说和法治教育；戒备民警站位在执法对象身体后侧，弯腰提手戒备，并告知围观者警情："民警执法，不要围观，否则容易误伤。"

警情诱导：趁主盘民警不注意，执法对象啃咬主盘民警大腿。

2. 主盘民警左臂按压头部，左手控颈，右手从下方环抱住执法对象右脸，迫使执法对象不能够形成撕扯。

3. 戒备民警右手环抱固定住执法对象右脸，左手食指关节按压执法对象耳根活动机能神经中心，迫使执法对象松口。

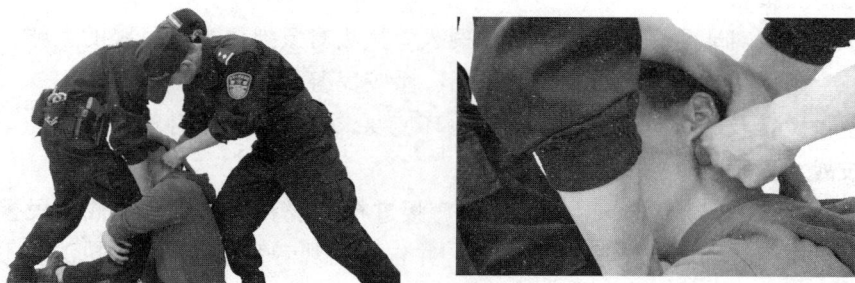

4. 执法对象松口后，戒备民警另一手迅速后拉；主盘民警双手外推的同时，被抱腿后拉，迅速解脱。

5. 主盘民警外推执法对象；戒备民警双手斜向后拉，膝盖跪压控制背部。

6. 执法对象倒地后，戒备民警右膝跪压背部活动机能神经中心，左手按压执法对象颈部，降低执法对象起身反抗的概率；主盘民警上步的同时，依次折压执法对象的右腿、左腿。

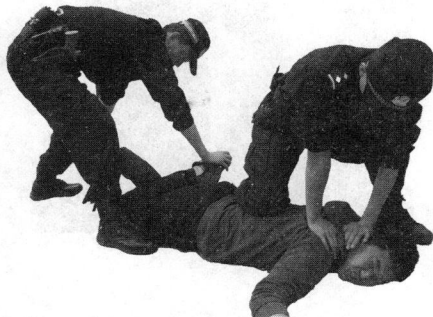

7. 主盘民警左膝跪压执法对象脚踝，手折压执法对象左脚背。

8. 戒备民警左膝跪压执法对象颈部，左手按压耳根活动机能神经中心，右手取铐，语言控制，依次上铐。

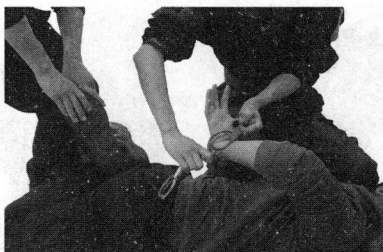

科目五　警械控制人车分离技战术

适用警情：

对非机动车检查时，罪犯、戒毒人员或嫌疑人等执法对象消极抵抗，拒不接受检查，民警对执法对象徒手控制拔下钥匙，人车分离时，执法对象挥臂拼命抵抗，拒不下车。

技战术要领：

1. 解脱双手。戒备民警右手折控执法对象右手腕，左手控制肘内、外侧活动机能神经中心；机动民警控制执法对象车辆；主盘民警左手折控执法对象左手腕，并进行语言控制："你违反××法律法规，现依法对你盘查，请下车接受检查！"

警情诱导：执法对象挥臂拼命抵抗，拒不下车。

2. 人车分离。主盘民警进行语言控制"保持冷静，否则使用伸缩警棍"，左手抓握执法对象左手腕部，右手取伸缩警棍。

3. 主盘民警下开棍戒备，并进行语言控制："停止违法行为，保持冷静！否则武力控制！"左手内旋执法对象左臂并上举，伸缩警棍横架执法对象颈部。

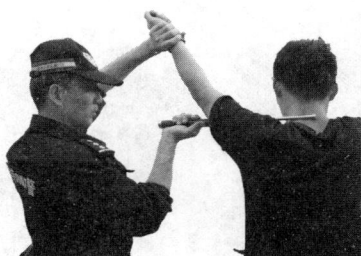

4. 主盘民警左手旋臂下压和右手抬肘，合力控制执法对象。

5. 主盘民警继续旋压的同时，进行语言控制："下车！否则后果自负！"机动民警控制电动车。

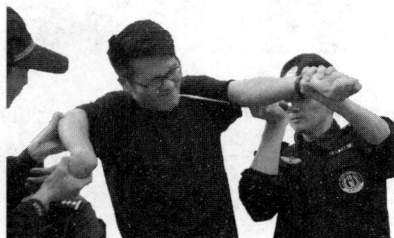

科目六 背后被抱警棍解脱技战术

适用警情：

民警被罪犯、戒毒人员或嫌疑人等执法对象从身后抱住，语言控制无效。

技战术要领：

1. 民警下开棍，右腿向斜后撤一步，身体积极下潜，右手持棍。

2. 民警右手持棍，绕执法对象膝盖后侧，左手抓握伸缩警棍上管。两手斜向上抬、翻、压伸缩警棍，迫使执法对象身体后仰，膝盖贴近民警身体。

3. 民警拉紧伸缩警棍的同时，身体迅速右后转体，迫使执法对象成俯卧式，身体重心迅速前移，伸缩警棍折压执法对象膝盖后侧活动机能神经中心，控制执法对象。

4. 执法对象俯卧后，民警横持伸缩警棍压控执法对象小腿后侧活动机能神经中心；两脚前掌发力，右膝跪压执法对象背部活动机能神经中心，横持棍控压执法对象颈部。

警情处置

任务三的警情处置指引

一、分析研判——应急预案制定

执法程序	案情分析		案情判定
确定对象	罪犯甲非暴力言行阻碍民警执法。		确定控制对象。
形势评估	基本情况	罪犯甲不满执勤民警的矛盾调解，并骑上运输非机动车示威。	1. 判明阻碍性质； 2. 呼叫救援； 3. 战术处置； 4. 调查询问； 5. 教育处罚。

续表

执法程序	案情分析			案情判定
分析研判	罪犯甲	不满日常管理，骑上非机动车示威。		1. 潜在风险较高，提升安全意识，保持戒备距离； 2. 无理取闹，带离后处理。
	执勤民警	双警并携带单警装备。		有武力优势、警力优势不明显，求援报告。
	执法环境	狱内生产车间卸货区		无其它人员干扰，有可利用掩体，视情当场处置。
应急预案	预案一	车辆截停后罪犯配合民警语言控制。		1. 打开执法记录仪； 2. 呼叫支援； 3. 语言控制； 4. 人车分离； 5. 调查询问； 6. 教育处罚。
	预案二	车辆截停后罪犯消极抵抗。		1. 打开执法记录仪； 2. 呼叫支援； 3. 语言控制； 4. 压点控穴控制、人车分离； 4. 调查询问； 5. 教育处罚。
	预案三	车辆截停后罪犯肢体抵抗。		1. 打开执法记录仪； 2. 呼叫支援； 3. 语言控制； 4. 压点控穴控制、警械控制、人车分离； 5. 控制带离； 6. 对事发现场封控保护，保全证据； 7. 调查询问； 8. 视情处罚。

二、预案实施

1. 打开执法记录仪。

2. 语言控制。民警截停："请控制情绪，执法记录仪已经全程录像，迅速离开车辆。"

警情诱导一：罪犯不服从。

3. 告知。民警告知："如果你停止该行为，将不予以追究，否则将给予考核分扣罚！"

警情诱导二：罪犯不听从民警劝阻。

4. 双警战术截停。主盘民警："我们在执行公务，你的行为已记录下来，请配合，否则使用武力。"

5. 武力控制。人车分离。

警情诱导三：罪犯下车后紧抱监区执勤民警大腿。

6. 武力解脱。

7. 武力控制上铐搜身押解带离。

8. 对事发现场进行有效保护，保全证据，报请指挥中心向驻监检察室通报情况。

任务四　暴力言行阻碍民警执法的警情控制

一、模拟警情

罪犯甲机位机器经常故障，经排查属人为原因，初步判定是罪犯甲故意所为，监区执勤民警将其叫到谈话室询问情况，罪犯甲认为是民警冤枉他。通过多种措施的教育帮扶，罪犯甲暂时情绪平复，接受民警根据监区相关规定对其进行的处罚。

警情诱导：民警对罪犯甲通报处罚情况后，罪犯甲情绪不稳定，故意摔砸劳动机器并逼近民警讨说法。

二、警情拓展

拓展任务四：对被举报嫌疑人的警情缉捕。

模拟警情：下午2时，接到某市繁华广场网吧网管电话举报，一中年男子持假身份证上网，外貌和网上通缉持械杀人犯相似。经过接警员的进一步了解，男子着黑色冲锋衣、浅绿色裤子，戴鸭舌帽，背大背包一个。上网登记时排队人员较多，无法确认是否有同伙。后通过对现有上网人员身份证核查，未发现其他可疑人员。

警情诱导：嫌疑人被徒手控制时解脱。

警务理论

科目一　警情处置的法律依据

一、任务四执法依据

《中华人民共和国人民警察法》

第六条　公安机关的人民警察按照职责分工，依法履行下列职责：

（一）预防、制止和侦查违法犯罪活动；

（二）维护社会治安秩序，制止危害社会治安秩序的行为；

……

第七条　公安机关的人民警察对违反治安管理或者其他公安行政管理法律、法规的个人或者组织，依法可以实施行政强制措施、行政处罚。

第九条　为维护社会治安秩序，公安机关的人民警察对有违法犯罪嫌疑的人员，经出示相应证件，可以当场盘问、检查；经盘问、检查，有下列情形之一的，可以将其带至公安机关，经该公安机关批准，对其继续盘问：

（一）被指控有犯罪行为的；

……

（三）有作案嫌疑身份不明的；

……

第十一条　为制止严重违法犯罪活动的需要，公安机关的人民警察依照国家有关规定可以使用警械。

《中华人民共和国监狱法》

第 39 条（参照任务一）

第 45 条第 1 款第 （二）、（三）、（四）项 （参照任务二）

第 46 条第 1 款第 （二）、（三）项 （参照任务二）

《山东监狱狱政管理工作标准》

注：本部分内容属内部资料，仅限监狱机关内部使用，具备身份者自行查阅。

第十四章　警械使用管理

第一节　配备及管理要求

第一条　配备标准 （参照任务一）

第二条　单警装备配备佩戴要求

值班民警应当按照下列规定配带单警装备 （参照任务一）

第二节　警械使用

第一条　警棍、催泪喷射器

值班民警遇有下列情形之一，经警告无效的，可以当场使用警棍、催泪喷射器：

（三）、（五）、（六）、（七）

第四条　手铐、脚镣

值班民警遇有下列情形之一的，可以使用手铐、脚镣：

（二）、（三）

第五条　执法记录仪

开展下列现场执法活动，值班民警应当使用视音频执法记录仪进行全程不间断记录 （参照任务一）

《监狱执法手册》

注：本部分内容属内部资料，仅限监狱机关内部使用，具备身份者自行查阅。

第十八章　枪支与戒具管理

第一条　警棍

警察在执勤过程中，遇有下列情形之一，经警告无效，可以使用警棍：

（三）、（四）

第二条　手铐脚镣

警察在执勤过程中，遇有下列情形之一的，可以使用手铐、脚镣：

（二）

二、拓展任务四执法依据

《城市人民警察巡逻规定》

第五条 人民警察在巡逻执勤中依法行使以下权力：

（一）盘查有违法犯罪嫌疑的人员，检查涉嫌车辆、物品；

（二）查验居民身份证；

（三）对现行犯罪人员、重大犯罪嫌疑人员或者在逃的案犯，可以依法先行拘留或者采取其他强制措施；

......

科目二 暴力言行阻碍民警执法的界定

暴力言行阻碍民警执法是指民警在各种执法执勤过程中，遭到当事犯或他犯故意用辱骂、煽动、使用侮辱动作或身体接触等方式暴力阻碍监狱人民警察依法履行职责的违规行为。

警务技战术实战训练

科目一 曲肘折臂控制技战术

适用警情：

已充分掌握罪犯、戒毒人员或嫌疑人等执法对象的相关违规、违纪或违法证据。执法对象处于双手抬起状态（如坐姿），潜在危险较低，命令立即实施控制带离。

技战术要领：

1. 民警战术站位接近执法对象，别臂固锁控制执法对象。

2. 执法对象被控制后，双警夹紧执法对象，控制其颈部，并进行语言控制，押解带离。

科目二　双警徒手别臂固锁控制技战术

适用警情：

罪犯、戒毒人员或嫌疑人等执法对象消极抵抗，欲离开，民警上前战术阻截。

技战术要领：

1. 民警策应战术站位，主盘民警左手掌根抵住执法对象左胸偏上，同时上左腿，有效阻截执法对象。主盘民警进行语言控制："退后，否则对你采取强制措施！"执法对象不服从语言控制，拼命往前闯；主盘民警顺势曲肘，左手抵住执法对象左肩，右手护于裆部。戒备民警的动作相反。

2. 两名民警头部位于执法对象头部两侧；主盘民警进行语言控制："退后！迅速退后！"上右腿的同时，右臂迅速从其腋下穿过，大小臂夹紧回拉，迫使紧贴自己的身体，戒备民警动作相反；民警把执法对象夹在中间。

3. 主盘民警撤左腿的同时，顺势下压折肩部，用前臂后压肩部，肩部前顶合力，控制执法对象肩部，双警同时折压肩部，用腿绊摔，迫使执法对象倒地。

科目三　　双警徒手别臂固锁上铐技战术

适用警情：

罪犯、戒毒人员或嫌疑人等执法对象被双警徒手别臂固锁有效控制。

技战术要领：

1. 执法对象俯卧后，主盘民警右肩前折其左肩部，左手按压执法对象左耳根活动机能神经中心，戒备民警左手折控其右肩，四指抠控肩部活动机能神经中心，右手控其右肘；主盘民警右腿跪执法对象左肩胛骨，左腿跪颈部，两腿夹紧左臂，上提重心，左手折其左手腕。

2. 主盘民警左手折腕控制的同时右手取铐，挑腕上铐，控其左手。

3. 主盘民警铐后压腕折肘，左膝跪压颈部，右膝跪压肘部；戒备民警压腕折肘，主盘民警折指上铐右手。

科目四 折腕控肩押解带离技战术

适用警情:

罪犯、戒毒人员或嫌疑人等执法对象被别臂固锁有效控制后,仍消极对抗,不起身配合押解带离。

技战术要领:

1. 主盘民警站位于执法对象左手侧,降低重心折腕控肘,戒备民警位于执法对象右手侧,左手前臂插入执法对象右肘,折其肩,四指抠控肩部活动机能神经中心,并进行语言控制:"慢慢起身,跪右膝!"同时双警提拉。

2. 再次进行语言控制执法对象:"跪左膝!"继续提拉,执法对象起身后,迅速按压其后脑,折其颈押解带离。

科目五　徒手锁腕控制技能

适用警情：

当罪犯、戒毒人员或嫌疑人等执法对象一只手为抬起状态（以左手为例）。

技能要领：

1. 左手插于执法对象左肘，右手抓、握、折控执法对象左手腕，左手抓握自己的右手臂，合力回拉迫使执法对象肘部贴近民警身体。

2. 右手抓、握、折控执法对象左手腕，左手由其肘内侧抓握自己的右手臂锁控，合力回拉迫使执法对象肘部贴近民警身体，

3. 顺势向左后撤左腿，同时折其腕、拉其肘，迫使执法对象锁控摔倒至地面。

4. 向左后撤左腿，同时折其腕、拉其肘，迫使执法对象锁控摔倒。

5. 右腿跪压执法对象颈部，左腿跪压执法对象肋部，右手折腕与左前臂上提，合力控制执法对象左手。两腿控制的同时，进行语言控制："服从指令，否则后果自负！"，执法对象左手折指上提，右手控其肘。

6. 民警左手折提执法对象手指的同时，右手下压肘部，同时双膝顺势前顶，迫使执法对象成俯卧；右腿跪压控其颈部，身体重心前倾，右手压控其肘，调整重心，取铐依次上铐。

科目六 徒手别臂固锁控制上铐技能

适用警情：

罪犯、戒毒人员或嫌疑人等执法对象左手被有效别臂固锁控制。

技能要领：

1. 民警用右膝跪压执法对象颈部，左膝跪压其左侧软肋，右手抓握其左手四指折腕并折其肘，合力折腕锁肘控制。

2. 民警左手抓握折执法对象左手中指和无名指，右手控制其肘部，下压肘的同时，左手提拉手指，顺势压肘，迫使执法对象俯卧；民警右腿跪颈部，左腿跪腰，左手控制执法对象右手的同时取铐。

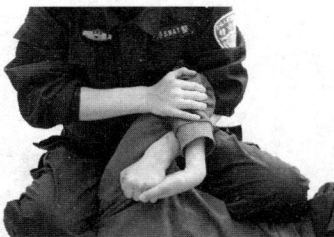

3. 民警保持控制的同时，右手挑腕上铐后折肘，用左膝跪压控制。

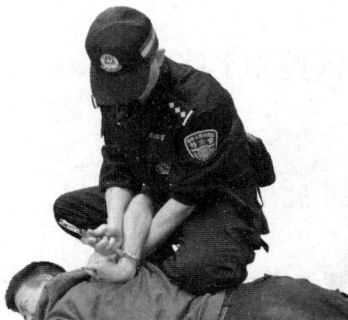

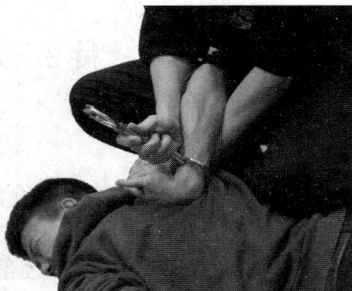

4. 民警对执法对象进行语言控制："举起左手！"左手折压执法对象拇指，压腕上铐，验铐、上保险。

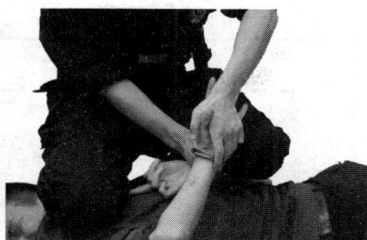

警情处置

任务四的警情处置指引

一、分析研判——应急预案制定

执法程序		案情分析		案情判定
确定对象		罪犯甲暴力言行阻碍民警执法。		确定控制对象。
形势评估	基本情况	罪犯甲因不接受民警对其处罚形式，故意摔砸劳动机器并逼近民警讨说法。		1. 大声训斥警告； 2. 呼叫救援； 3. 武力控制； 4. 适时移交处置； 5. 隔离审查； 6. 集中教育。
	分析研判	罪犯甲	情绪不稳定、故意摔砸劳动机器，不服从民警语言控制，逼近民警。	1. 潜在风险较高，提升安全意识，保持戒备距离； 2. "零容忍"、公开、公正、严厉处罚。
		执勤民警	多警，携带单警装备。	有武力优势，呼叫警力支援。
		执法环境	生产车间。	1. 容易引起围观，物品较多； 2. 视情带离处置。

执法程序		案情分析	案情判定
预案	预案一	罪犯甲被民警截停后配合民警语言控制。	1. 打开执法记录仪； 2. 呼叫支援、大声训斥警告； 3. 语言控制； 4. 教育处罚。
	预案二	罪犯甲采用逼近、抓扯、搂抱或持有劳动工具预备袭击等暴力方式抗拒管理。	1. 打开执法记录仪； 2. 呼叫支援、大声训斥； 3. 保持安全距离、语言控制； 4. 高级别武力控制； 5. 控制带离； 6. 调查询问； 7. 对事发现场封控保护，保全证据。
	预案三	他犯围观时污蔑"民警打人"或煽动当时犯辱骂、殴打民警。	1. 依法依规处理当事犯； 2. 处理当事犯后，及时依规处理煽动犯。

二、预案实施

1. 打开执法记录仪。

2. 呼叫支援、大声训斥。"合理表达你的诉求，谈话全程录音录像，否则我们就对你进行控制。"

3. 支援民警控制无关罪犯。

4. 接应组民警战术站位阻截罪犯甲。

警情诱导：控制无效，罪犯甲继续逼近。

5. 双警徒手别臂固锁控制。

6. 上铐、搜身、带离。

7. 移交处置。处罚由监区领导规定其他民警处理，当事民警协助调查。

8. 隔离审查。对罪犯甲带离现场进行隔离，并立即展开调查处理

9. 集中教育。适时择机公开讲评，当事犯公开检讨反省。

情境三　罪犯自我伤害行为的应急处置

任务五　罪犯当场扬言自杀的警情控制

一、模拟警情

某日午饭较平时迟了一些，犯群在罪犯甲的煽动下，不满情绪蔓延，进而发展成敲击餐碗桌凳大声哄闹。

警情诱导：监区执勤民警控制现场，民警对罪犯甲的违规行为进行批评教育，罪犯甲情绪激动，喊叫"我不活了，我要一头撞死"，大喊不活了之类的言语，并使用侮辱肢体动作等显性的非身体接触方式接近民警，引起犯群议论围观，民警介入战术处置。

二、警情拓展

拓展任务五：对通缉犯的警情盘查。

模拟警情：某夏日下午一点，两民警在小区广场巡逻，躺椅上发现一名熟睡人员，初步辨认与网上通缉抢劫银行潜逃人员外貌相似，对其盘查。

警情诱导：嫌疑人语言不配合，扬言你们靠近我，我就一头撞死在墙上，不断向巡逻民警逼近，引起广场人员围观。

警务理论

科目一　警情处置的法律依据

一、任务五执法依据

《中华人民共和国人民警察法》

第2条、第7条（参照任务一）

第九条　为维护社会治安秩序，公安机关的人民警察对有违法犯罪嫌疑的人员，经出示相应证件，可以当场盘问、检查；经盘问、检查，有下列情形之一的，可以将其带到公安机关，经该公安机关批准，对其继续盘问：

……

（三）有作案嫌疑身份不明的；

……

第11条（参照任务一）

《中华人民共和国监狱法》

第39条（参照任务一）

第45条第1款第2、4项（参照任务一）

《山东监狱狱政管理工作标准》

注：本部分内容属内部资料，仅限监狱机关内部使用，具备身份者自行查阅。

第十四章　警械使用管理

第一节　配备及管理要求

第一条　配备标准（参照任务一）

第二条　单警装备配备佩戴要求

值班民警应当按照下列规定配带单警装备（参照任务一）

第二节　警械使用

第一条　警棍、催泪喷射器

值班民警遇有下列情形之一，经警告无效的，可以当场使用警棍、催泪喷射器：

（二）、（五）、（六）、（七）

第四条　手铐、脚镣

值班民警遇有下列情形之一的，可以使用手铐、脚镣：

（二）、（三）

第五条　执法记录仪

开展下列现场执法活动，值班民警应当使用视音频执法记录仪进行全程不间断记录（参照任务一）

《监狱执法手册》

注：本部分内容属内部资料，仅限监狱机关内部使用，具备身份者自行查阅。

第十八章　枪支与戒具管理

第一条　警棍

警察在执勤过程中，遇有下列情形之一，经警告无效，可以使用警棍：

（二）、（四）

第二条　手铐脚镣

警察在执勤过程中，遇有下列情形之一的，可以使用手铐、脚镣：

（二）

《人民警察使用警械和武器条例》

第2、3、4、6条（参照任务一）

第8条第1款第1、2、3项（参照任务一）

二、拓展任务五执法依据

《中华人民共和国居民身份证法》

第15条第1项（参照任务一）

《公安机关适用继续盘问规定》

第2条、第5条 、第7条（参照任务一）

第八条　对有违法犯罪嫌疑的人员当场盘问、检查后，不能排除其违法犯罪嫌疑，且具有下列情形之一的，人民警察可以将其带至公安机关继续盘问：

……

（三）有违反治安管理或者犯罪嫌疑且身份不明的；

……

第 11 条（参照任务一）

《城市人民警察巡逻规定》

第 4 条第 1、2、3 项（参照任务一）

第五条　人民警察在巡逻执勤中依法行使以下权力：

第 1、2 项（参照任务一）

（三）对现行犯罪人员、重大犯罪嫌疑人员或者在逃的案犯，可以依法先行拘留或者采取其他强制措施；

……

（七）行使法律、法规规定的其他职权。

第六条　在巡逻执勤中遇有重要情况，应当立即报告。对需要采取紧急措施的案件、事件和事故，应当进行先期处置。

对需要查处的案件、事件和事故应当移交公安机关主管部门处理。

《中华人民共和国治安管理处罚法》

第五十条　有下列行为之一的，处警告或者二百元以下罚款；情节严重的，处五日以上十日以下拘留，可以并处五百元以下罚款：

……

（二）阻碍国家机关工作人员依法执行职务的；

……

阻碍人民警察依法执行职务的，从重处罚。

第八十七条　公安机关对与违反治安管理行为有关的场所、物品、人身可以进行检查。检查时，人民警察不得少于二人，并应当出示工作证件和县级以上人民政府公安机关开具的检查证明文件。对确有必要立即进行检查的，人民警察经出示工作证件，可以当场检查，但检查公民住所应当出示县级以上人民政府公安机关开具的检查证明文件。

检查妇女的身体，应当由女性工作人员进行。

科目二　罪犯自我伤害行为的界定

罪犯自我伤害行为是指罪犯在监狱内为逃避改造、发泄不满、释放情绪、减轻内心痛苦、获取情感满足、获得控制感以及悲观心理等因素，通过切割、刺伤、自残性摔打、烧伤、头撞墙等相应手段方法，故意或自愿对自己人身健康造成伤害的行为。

狱内罪犯自我伤害行为从实施时机上分为当场自伤自残自杀行为、隐匿场所自伤自残自杀行为、绝食、拒绝医疗自我伤害行为等。罪犯自我伤害行为严重扰乱监管秩序的稳定和安全，也影响其他罪犯的正常改造；同时罪犯自我伤害行为对自身身体带来伤害，甚至会失去生命，对民警的执法安全挑战较大，也给社会造成不良的影响。

科目三　罪犯当场自伤自残自杀行为的界定

罪犯当场实施自伤自残自杀是指罪犯在狱内公共场合以口头表示或具体的举动当场实施自伤自残自杀的行为。

主要包括两种类型。第一种是罪犯企图逃避处罚的手段或冲动。罪犯面对扣分、禁闭等严重处罚后果，影响到减刑假释等重大自身利益，或者因冲动，企图通过极端言行迫使民警妥协的一种手段，但是有发展到"假戏真做"的概率，可能造成严重的伤亡后果；第二种是罪犯宣示性或寻机性自杀。宣示性自杀是指通过公开的自杀举动吸引关注的行为，通常是为了博取同情或处遇。有些是假自杀，但可能演变成真自杀。寻机性自杀指有真实自杀动机的罪犯寻找实现公开死亡目的的机会和条件，部分可能有犹豫期，大部分直接造成死亡结果。

科目四　对非身体接触方式抗拒管理的处置原则

1. 执法记录仪获取证据。
2. 不可受其干扰而被动应对。
3. 不解释，切忌语言还击，更不能做出扇耳光等应激性攻击动作。
3. 不要任凭对方辱骂、挑衅，语言控制制止。

4. 语言控制无效，依法提升武力级别。

警务技战术实战训练

科目一　警棍戒备与推棍技能战术协同

适用警情：

罪犯、戒毒人员或嫌疑人等执法对象没有肢体对抗，不断接近警察，语言控制无效。

技战术要领：

1. 伸缩警棍开棍搭肩戒备，语言控制："保持冷静，退后，否则使用伸缩警棍！"无效后，警察用弱势手逆势手抓握伸缩警棍前管处，沉肘曲臂。

2. 执法对象逼近，警察重心前移，顺势用力挡推执法对象前胸处，拉开安全距离。

3. 语言警告："退后！否则后果自负！"同时搭肩戒备。

科目二　手铐和催泪喷射器技能战术协同

适用警情：

警察持铐战术接近的时候，执法对象突然转身，并逼近警察。

技战术要领：

1. 战术撤退的同时迅速手握上铐环，在胸前横扫阻截或者击打执法对象。

警情诱导一：执法对象被震慑，停止不前。

2. 主盘民警语言控制的同时，戒备民警开棍戒备，主盘民警放手铐，取催泪喷射器，双手持握，戒备警告。

警情诱导二：执法对象稍微愣了一下，继续逼近警察。

3. 主盘民警语言控制的同时，将手铐放于弱势手，强势手迅速取催泪喷射器，并进行语言控制："放弃抵抗，否则使用催泪喷射器!"单手持握，横扫喷射。

科目三　侧应战术站位战术协同

适用警情：

警察持铐战术接近的时候，执法对象突然转身，并逼近主盘民警。

技战术要领：

1. 主盘民警持手铐应急横扫的同时，向戒备民警方向战术撤退，戒备民警应急开棍并横扫棍向执法对象逼近。

警情诱导一：执法对象停止。

2. 戒备民警与主盘民警战术换位，戒备民警持棍戒备，主盘民警伸缩警棍换催泪喷射器，并进行语言控制："保持冷静，否则武力控制。"

警情诱导二：执法对象继续逼近民警。

3. 戒备民警与主盘民警战术换位，戒备民警横扫棍阻截执法对象，并语言控制："停止违法行为，否则使用伸缩警棍！"主盘民警取催泪喷射器，并语言控制："退后，否则使用催泪喷射器！"单手持握喷射。

4. 执法对象徒手袭击民警，主盘民警圆圈式催泪喷射，效果明显，执法对象蹲地不起。主盘民警语言控制后对眼睛实施有效处理。

警情诱导三：清洗过程中执法对象不服从控制。

5. 俯卧式上铐。主盘民警保持戒备距离，并语言控制："趴在地上，全身贴地面，否则后果自负！"主盘民警语言控制的同时，取手铐，俯卧式上铐。

6. 清洗。主盘民警有效控制后，清洗。

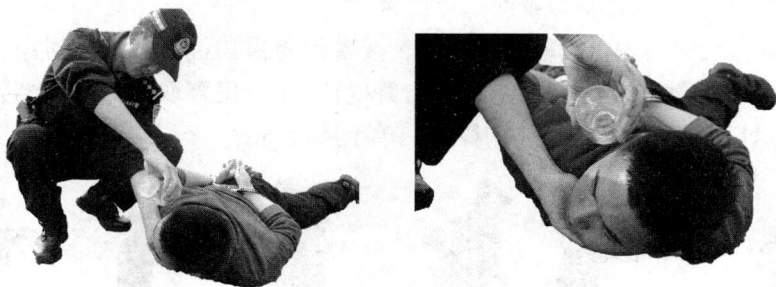

科目四　俯卧式上铐搜身技能

适用警情：
罪犯、戒毒人员或嫌疑人等执法对象被催泪喷射器有效控制。

技能要领:

1. 上铐后,主盘民警位于执法对象左手侧蹲立,右膝位其腰部位置,左膝位其背部位置;左手从执法对象右肘内侧控于腰部上方,左手前臂控制其右肘,右手按压在执法对象胯骨外侧。

2. 语言控制的同时将执法对象翻转至侧立位,提高重心,左手前臂折压执法对象右肘;左腿靠近执法对象头部跪地支撑,右腿蹲立放在执法对象靠地腿后侧。

3. 语言控制的同时拉执法对象上侧腿至民警蹲立腿上控制,左肘压控执法对象右肘,另一手搜身。

4. 对执法对象顺序搜身,搜身至腿部时可换手控制。

5. 一侧搜身完毕后，语言控制的同时，用左手导引执法对象右腿放于地面，两手回到最初位置，将执法对象处于俯卧位置。

6. 用左手压背控制，从头前低姿绕至另一侧，按照上述同样手法搜身。

科目五　折腕控肘别臂押解带离技战术

适用警情：

罪犯、戒毒人员或嫌疑人等执法对象被俯卧上铐控制，并被有效搜身后，消极抵抗，俯地不起。

技战术要领：

1. 双警分别站位于执法对象两侧，主盘民警位于执法对象左手侧，左手扶肘，右手折、压执法对象左手腕；戒备民警折控其右臂，左手四指抠控锁骨活动机能神经中心。

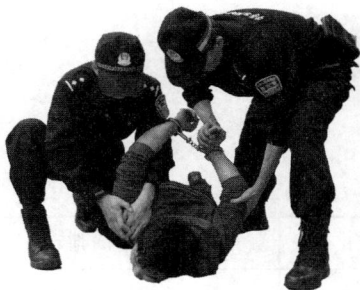

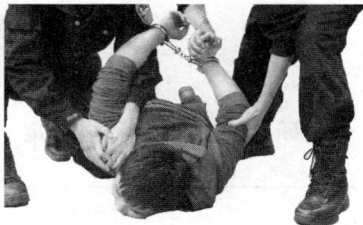

2. 双警合力提拉的同时，主盘民警语言控制："保持冷静，依次跪右膝、跪左膝，左腿伸直，右腿弯曲平放于地面，屁股慢慢着地，坐下。"

3. 主盘民警语言控制"慢慢起身"，同时折腕扶肘上拉；戒备民警控肘折肩上拉；起身的瞬间双警旋压控制。

4. 押解带离。

 警情处置

任务五的警情处置指引

一、分析研判——应急预案制定

执法程序	案情分析			案情判定
确定对象	罪犯甲煽动犯群，扬言自杀。			确定处置对象。
形势评估	基本情况	监区饭堂，犯群哄闹，罪犯甲扬言自杀。		1. 求援报告； 2. 控制隔离； 3. 安抚情绪； 4. 保持警戒。
	分析研判	罪犯甲	罪犯甲激情下扬言自杀，目的不明。	1. 潜在风险较高，提升安全意识，保持戒备距离。 2. 事件走向具有不可控性，视情给事件降温，果断处置。
		执勤民警	监区执勤民警并携带单警装备。	有武力优势，警力优势不明显，求援报告。
		执法环境	狱内监区食堂	1. 容易引起围观，空间狭窄，物品较多。 2. 视情带离处置。

续表

执法程序		案情分析	案情判定
应急预案	预案一	罪犯甲已经被有效控制，但自伤自残行为已经产生伤害后果。	1．全程录音录像，求援报告； 2．对罪犯甲及时求援救治； 3．疏散无关罪犯，并进行管理； 4．对事发现场封控保护，保全证据。
	预案二	罪犯甲消极抵抗，形成对峙。	1．全程录音录像，求援报告； 2．寻机将其他犯群疏散带离事发现场； 3．安抚情绪，阻援罪犯的危险行为，为专业警力支援创造条件； 4．罪犯所在监区管教民警、谈话攻心专家谈判； 5．做好应急救援的准备。
	预案三	罪犯甲因民警的介入，迁怒于民警，接近民警。	1．全程录音录像，求援报告； 2．伺机依法合理有效武力控制； 3．对事发现场封控保护，保全证据。

二、预案实施

1．打开执法记录仪，求援报告。

2．寻机将其他犯群疏散带离事发现场，与当事犯隔离，避免因其他罪犯起哄而刺激罪犯做出危险动作。

3．安抚情绪。让与当事犯关系较为亲近的罪犯帮助分析诱因和目的，支援的谈判民警协助执勤民警安抚当事犯的情绪，阻缓当事犯的危险行为。

警情诱导一：交流过程中，罪犯甲迁怒民警，接近并威胁民警。

4．战术站位、语言控制。主盘民警劝告："请冷静，合理表达你的诉求。"

警情诱导二：罪犯甲继续逼近民警。

5．战术站位戒备、警告，创造有效距离。

6．依法合理有效使用警械控制。

7．控制俯卧上铐。

8. 搜身。

9. 处置民警对事发现场进行有效保护，保全犯罪证据，报请指挥中心向驻监检察室通报情况。

情境四　罪犯伤害他人行为的应急处置

任务六　罪犯对他犯激情行凶的警情控制

一、模拟警情

某日晚上号房内，罪犯甲因琐事袭击罪犯乙。

警情诱导：罪犯甲有多年习武经历，情绪失控，对罪犯乙拳脚相加，并使用脸盆、凳子砸击，监区执勤民警闻讯立即报告指挥中心并赶至现场及时处置，教育中罪犯甲突然再次冲向罪犯乙。

二、警情拓展

拓展任务六：庭审中冲击法庭，殴打法官的警情控制。

模拟警情：刘某（男）是一起行政诉讼案的原告，不服密云公安分局对其因扰乱公共场所秩序而作出的治安行政处罚决定，向密云人民法院提起诉讼。

警情诱导：第一次庭审时，刘某在法庭里大吵大嚷，指责坐在他对面的被告代理人，他带来的旁听人员在庭审中随便说话，审判长要求他们退出法庭也不予理睬，导致庭审无法继续进行。第二次开庭时，刘某又组织了多人前来旁听，消极对抗，审判长多次向其释明法律规定，刘某不但不听，反而变本加厉，在法庭上哄闹、吵嚷、把矛头指向审判长，责骂审判长的同时，并向审判长逼近。

警务理论

科目一 警情处置的法律依据

一、任务六执法依据

《中华人民共和国人民警察法》

第 8、11 条（参照任务二）

《中华人民共和国监狱法》

第 39 条（参照任务一）
第 45 条第 1 款第 2、4 项（参照任务二）

《山东监狱狱政管理工作标准》

注：本部分内容属内部资料，仅限监狱机关内部使用，具备身份者自行查阅。

第十四章 警械使用管理
第一节 配备及管理要求

第一条 配备标准（参照任务一）
第二条 单警装备配备佩戴要求
值班民警应当按照下列规定配带单警装备（参照任务一）

第二节 警械使用

第四条 手铐、脚镣
值班民警遇有下列情形之一的，可以使用手铐、脚镣（参照任务一）
第五条 执法记录仪
开展下列现场执法活动，值班民警应当使用视音频执法记录仪进行全程不间断记录（参照任务一）

《监狱执法手册》

注：本部分内容属内部资料，仅限监狱机关内部使用，具备身份者自行查阅。

第十八章　枪支与戒具管理

第二条　手铐脚镣

警察在执勤过程中，遇有下列情形之一的，可以使用手铐、脚镣（参照任务一）

《中华人民共和国人民警察使用警械和武器条例》

第2、3条；第8条第1款第2项（参照任务二）

二、拓展任务六执法依据

《人民法院司法警察看管规则》

第5条第1款第3项（参照任务二）

《人民法院司法警察值庭规则》

第2条、第5条第5项（参照任务二）

第十三条　对下列行为，值庭的司法警察可以依法采取强制措施：

（一）未经许可进入审判区，经劝阻、制止无效或者有违法犯罪嫌疑的；

（二）严重违反法庭纪律，经劝阻、制止无效的；

（三）哄闹、冲击法庭，侮辱、威胁、殴打参与审判活动人员等严重扰乱法庭秩序的。

《人民法院司法警察条例》

第2条、第3条、第7条（参照任务二）

第九条　对以暴力、威胁或者其他方法阻碍司法工作人员执行职务的，人民法院司法警察应当及时予以控制，根据需要进行询问、提取或者固定相关证据，依法执行罚款、拘留等强制措施。

第十条　对不宜进入审判区域而强行进入的，人民法院司法警察应当依法强行带离；对涉嫌违法犯罪的，人民法院司法警察应当予以控制，并视情节及时移送公安机关。

第十三条　对严重扰乱人民法院工作秩序、危害人民法院工作人员人身安全及法院机关财产安全的，人民法院司法警察应当采取训诫、制止、控制等处置措施，保存相关证据，对涉嫌违法犯罪的，及时移送公安机关。

《公安机关人民警察现场制止违法犯罪行为操作规程》

第十四条　本规程所用术语的含义如下：

处置措施，是指公安民警为现场制止违法犯罪行为而依照本规程采取的强制手段，由轻到重依次为：口头制止、徒手制止、使用警械制止、使用武器制止……

第十九条　对正在以轻微暴力方式实施违法犯罪行为，尚未严重危及公民或者公安民警人身安全，经警告无效的，公安民警可以徒手制止；情况紧急，来不及警告或者警告后可能导致更为严重危害后果的，可以直接使用徒手制止。

第二十条　公安民警徒手制止，应当以违法犯罪行为人停止实施违法犯罪行为为限度；除非必要，应当避免直接击打违法犯罪行为人的头部、裆部等致命部位。

第二十一条　当违法犯罪行为人停止实施违法犯罪行为时，公安民警应当立即停止可能造成人身伤害的徒手制止动作，并依法使用手铐、警绳等约束性警械将其约束。

科目二　罪犯行凶的界定

罪犯行凶是指狱内罪犯针对他犯或者外来协助技术等人员，以伤害或杀害为目的的行凶行为，具有突发性、预谋的隐蔽性、暴力性、手段的不限定性及程度的严重性等几个特征。

从罪犯伤害主体对象上区分，一是罪犯对他犯或外来协助技术员实施伤害行为，二是罪犯对民警实施伤害行为，即袭警行凶。从罪犯行凶行为上分为预谋性和激情性两种，狱内行凶多发生在劳动现场，少数发生在生活现场。罪犯行凶行为的实施及造成的后果严重破坏监管秩序，对其他罪犯产生不良示范效应。

📖 警务技战术实战训练

科目一　抱腰阻截控制技能

适用警情：

民警在罪犯、戒毒人员或嫌疑人等执法对象身后戒备，其突然袭击被保护的人。

技能要领：

1. 主盘民警迅速由后方提手戒备接近执法对象。

2. 主盘民警右腿插于执法对象两腿中间，右手快速从其腰穿过，左手抓握右手腕，控其腰部，右肩抵住后腰，双手后拉、锁控迫使执法对象上体贴近民警。

3. 主盘民警头贴近执法对象身体，左腿往后撤降低重心的同时，双臂锁紧腰部后拉，瞬间阻截执法对象前进。主盘民警身体重心向后坐的同时，合抱手臂锁腰、向左斜下后拉、转体将其摔倒。

科目二　背向骑压控制技战术

适用警情：

罪犯、戒毒人员或嫌疑人等执法对象摔倒的瞬间，重心随民警的牵引向左后移动。

技战术要领：

1. 主盘民警倒地瞬间身体继续向左翻滚，利用双脚脚前掌蹬地，右腿迅速越过执法对象身体，倒地瞬间形成骑压式。

2. 主盘民警双腿夹紧执法对象两肋，身体重心前移同时右肘碾压执法对象左耳根活动机能神经中心处，用左手控制左手腕，并进行语言控制："不要动，否则后果自负。"

3. 戒备民警横持伸缩警棍锁控执法对象右小腿胫骨外侧活动机能神经中心，左腿跪压执法对象左小腿胫骨外侧活动机能神经中心。

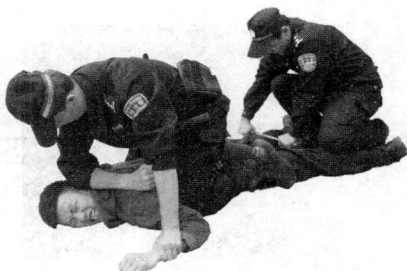

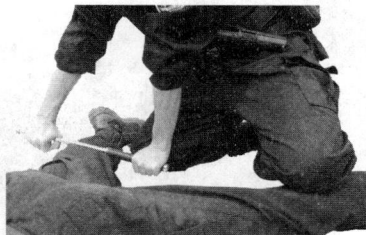

4. 主盘民警右腿跪压执法对象背部活动机能神经中心，双手中指控制眉骨活动机能神经中心，双手后拉、跪压、扳折控制颈部，并进行语言控制："配合盘查，否则后果自负。"

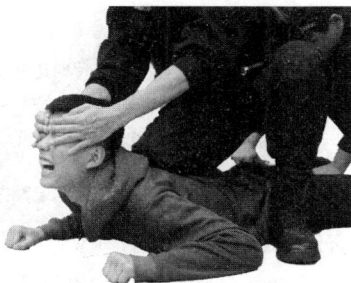

5. 主盘民警进行语言控制的同时，重心右移，右手控制眉骨活动机能神经中心，左手扭提拉执法对象左手腕，至民警左大腿处。

6. 执法对象左手被控制后，主盘民警先用右手替换左手，控制眉骨活动机能神经中心，再控制执法对象的右手。

科目三　背向骑压控制上铐技能

适用警情：

罪犯、戒毒人员或嫌疑人等执法对象被民警背向骑压式控制。

技战术要领：

1. 戒备民警保持控制状态。

2. 主盘民警左手折控嫌疑人右手大拇指，并折腕；右手取铐压腕上铐，顺势折肘，右大腿跪控其右肘。

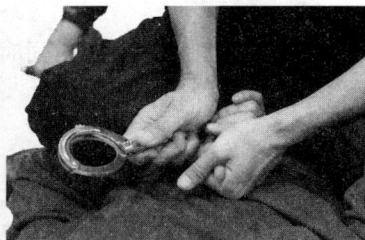

3. 主盘民警进行语言控制："不要乱动，否则后果自负！"左手折控执法对象左手大拇指，左小腿顶压控制左肘，右手压腕上铐、验铐、上保险。

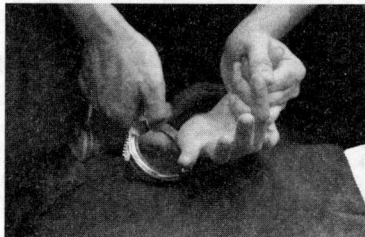

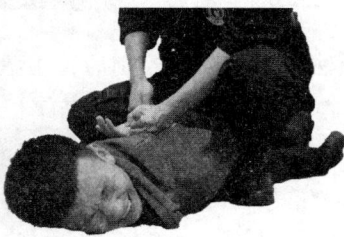

科目四　正面骑压控制技战术

适用警情：

罪犯、戒毒人员或嫌疑人等执法对象摔倒的瞬间，重心保持较好，顺势往民警身体坐靠。

技战术要领：

1. 主盘民警臀部积极着地，倒地瞬间，身体积极向右侧翻滚，将执法对象摔倒在地。

2. 主盘民警右腿迅速越过执法对象身体，身体紧紧贴住执法对象，臀部积极向右转，坐压其腹部上侧、接近胸口的位置，呈跪姿，膝盖顶住其腋窝，两膝盖内侧紧贴其肋部，并夹紧，成骑压式控制。右手掌根压住执法对象左耳根活动机能神经中心，左手抓压控制其左手腕，形成控制。

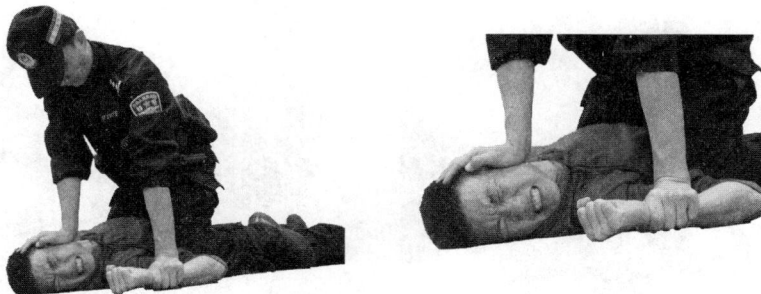

3. 执法对象左右翻滚，右手挥击，主盘民警双手抓握其双手手腕并压制在其胸口，身体重心前倾，对其身体进行压制。

4. 执法对象继续反抗，臀部奋力往上挺，主盘民警借力将臀部稍稍抬起，此时身体所有力量均衡地落到执法对象的胸口。

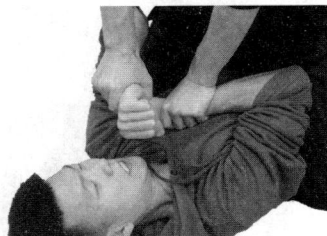

5. 主盘民警以左脚掌为轴，身体及臀部向右侧转动，右脚做弧线运动，经其头部上侧，脚踝抵于其右侧颈动脉处，膝窝横压于其颈部上侧，左脚抵于其左侧腋下；主盘民警臀部快速着地，双腿夹紧，锁住嫌疑人右肩的同时，脚跟后拉，将其头部锁压住；主盘民警臀部、腰部、背部依次着地，左手顺着执法对象的右手臂滑到其手腕关节，使其手臂伸直，肘关节抵于其右侧大腿内侧，两膝盖夹紧，臀部向上顶起，双手折压其左手腕。

6. 主盘民警两腿夹紧执法对象左肘，左手控其前臂，右手折其左手腕，锁腕、控肘、顶胸合力控制。

7. 主盘民警两腿夹紧，双脚脚后跟后拉，迅速坐起呈三角锁控。

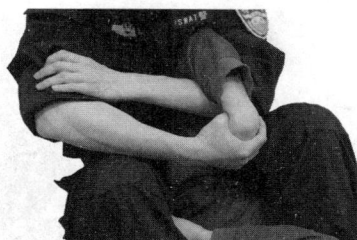

8. 主盘民警左手抓握折控执法对象左手中指和无名指。

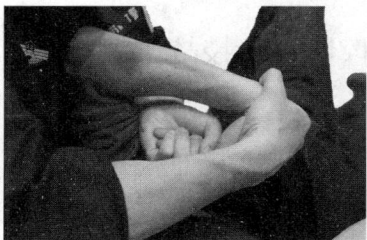

9. 主盘民警身体重心右移，折指、控腕、提拉，臀部坐紧，合力控制，迫使执法对象成俯卧；右膝跪压执法对象背部活动机能神经中心，左手对其左手进行折指、控腕、折肩，右手控制执法对象耳根活动机能神经中心。

10. 戒备民警横持伸缩警棍压控执法对象膝盖处；执法对象成俯卧姿势后，主盘民警用右膝跪压执法对象背部活动机能神经中心，在有效控制的基础上，右手取铐、持铐。

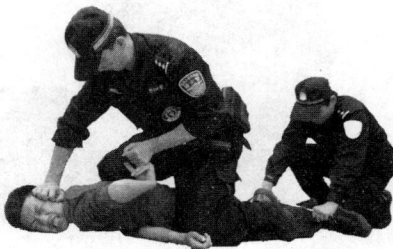

科目五　　正面骑压控制上铐技战术

适用警情：

罪犯、戒毒人员或嫌疑人等执法对象被有效正面骑压控制。

技战术要领：

1. 戒备民警保持控制状态。

2. 主盘民警进行语言控制："保持冷静，否则后果自负！"左手折控执法对象左手大拇指，右手压腕上铐，顺势折肘。

3. 主盘民警左手折执法对象大拇指并折腕，右手压腕上铐。

科目六　俯卧上铐押解带离技能

适用警情：

罪犯、戒毒人员或嫌疑人等执法对象被有效俯卧上铐，并服从民警语言控制。

技能要领：

1. 民警位于执法对象左手侧位置，右膝跪压执法对象腰部，左手扶肘，大拇指压控肘部活动机能神经中心，右手折其左手腕，上提执法对象左胳膊，同时进行语言控制："慢慢跪右膝！"

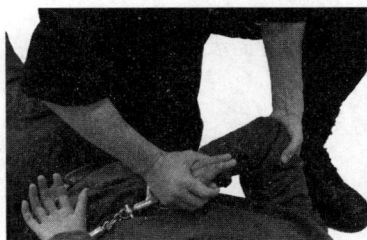

2. 民警提高重心，抚肘、折腕、上提执法对象左臂的同时，进行语言控制："跪左膝！"执法对象双膝跪地后，民警迅速降低重心，折腕下压，防止其反抗。

3. 民警进行语言控制："右腿伸直，屁股坐下。"抚肘、折腕、上提，同时进行语言控制"慢慢起立，不要乱动！"起立后迅速抚肘、折腕、下压。

科目七　　徒手别臂固锁控制技能

适用警情：

罪犯、戒毒人员或嫌疑人等执法对象突然袭击需要保护的人，民警上前阻截，执法对象单手抓推民警胸口处。

技能要领：

1. 民警语言劝告执法对象，分散注意的同时，用左手压住执法对象腕根处，身体稍微左转的同时，顺势用右肘砸压执法对象左手肘部。

2. 民警上右腿的同时，右臂迅速从执法对象左腋下穿过，左手抓握右手腕，右手大小臂夹紧回拉，迫使执法对象紧贴自己的身体；合力继续斜向下旋压控，迫使执法对象俯卧，右膝盖跪压其背部活动机能神经中心，右肩右肘折压其左肩，左手按压耳根活动机能衔接中心，合力控制执法对象。

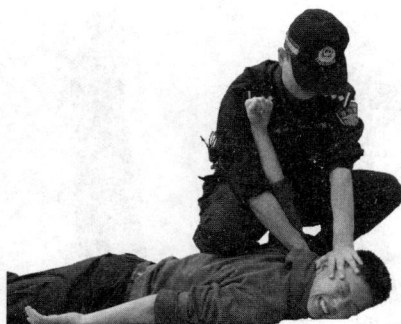

3. 倒地后民警右臂控其左肘，迫使其不能生理弯曲，两腿夹紧其左臂，左手掌根按压耳根活动机能神经中心，并进行语言控制："不要乱动，否则后果自负！"控制的同时，重心前移，两膝盖夹紧的同时分别跪压执法对象颈部和背部活动机能神经中心，左手折其左手腕，准备上铐控制。

科目八　徒手别臂固锁控制上铐技能

适用警情：

罪犯、戒毒人员或嫌疑人等执法对象被民警有效徒手别臂固锁控制。

技能要领：

1. 民警两腿加紧控嫌疑人肘部，迫使肘部不能够生理弯曲，右膝盖压控其背部活动机能神经中心，左膝控其颈部，左手折其手腕，右手取铐、持铐。

2. 民警对执法对象折腕控制的同时，右手挑腕上铐，折肘跪压控制。

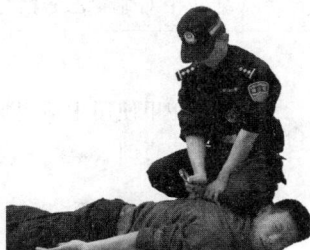

3. 民警折腕跪压控制执法对象左手，先进行语言控制："右手举起！"左手折指控制执法对象右手大拇指，跪式压腕上铐，验铐、上保险。

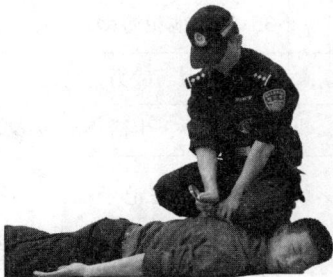

▲ 警情处置

任务六的警情处置指引

一、分析研判——应急预案制定

执法程序	案情分析			案情判定
确定对象	罪犯甲对罪犯乙激情行凶。			确定执法控制对象。
形势评估	基本情况	罪犯甲使用生活现场的工具对罪犯乙行凶。		1. 及时到达中心现场； 2. 制止、控制凶犯； 3. 救护伤员； 4. 围控求援； 5. 保护现场，保全证据。
	分析研判	罪犯甲	多年习武经历，情绪不稳定。	1. 潜在风险高，提升安全意识，保持戒备距离； 2. 呼叫支援； 3. 指令他犯协助。
		执勤民警	多警并携带单警装备。	保持警力、武力优势。
		执法环境	监区监舍内。	空间狭小，生活物品较多。
应急预案	预案一	当事罪犯完成行凶行为，语言控制有效，罪犯甲放弃抵抗。		1. 打开执法记录仪，指挥犯群组织协助控制当事罪犯并完成搜身检查； 2. 询问、检查、固定罪犯乙情况，视情下一步处置； 3. 疏散无关罪犯，对事发现场封控保护，保全证据。

续表

执法程序	案情分析	案情判定
预案二	罪犯甲正在对罪犯乙实施行凶行为。	1. 打开执法记录仪，有效站位，合理分工，判明情况，疏散号房内无关罪犯； 2. 依法合理有效使用警械武力控制； 3. 视情战术呼叫支援； 4. 询问、检查、固定罪犯乙情况，视情下一步处置； 5. 对事发现场封控保护，保全证据。
预案三	民警到位后，罪犯甲持尖锐物品欲自杀、自伤。	1. 打开执法记录仪，有效站位，合理分工，判明情况，疏散号房内无关罪犯； 2. 求援报告、安抚情绪； 3. 民警伺机控制手或物体，阻止进一步的伤害；另一名民警控制颈或腰部； 4. 罪犯乙的视情控制处置； 5. 封控保护，保全证据。

二、预案实施

1. 打开执法记录仪，及时到达中心现场，呼叫支援，策应战术站位、规范利用协助罪犯进行现场管控。

2. 语言控制。主盘民警警告："罪犯甲，立即停止你殴打罪犯乙的行为，谈话全程录音录像，保持冷静！退后，否则对你采取强制措施！"主盘民警告诫："无关罪犯安静！转身靠墙！全部蹲下！"

3. 观察现场，及时汇报。通过门口观察、多途径了解情况，初步判明性质，及时汇报指挥中心。

警情诱导一：罪犯甲双手垂臂，注意力完全在罪犯乙身上，民警语言控制被忽略。

4. 民警抱腰阻截控制。

警情诱导二：抱腰阻截控制无效，罪犯甲逼近民警，并抓握民警衣领。

5. 语言控制。民警告诫："你已违规，保持冷静，退后，不要二次违规！"

6. 徒手别臂固锁控制。

7. 双警徒手别臂固锁控制、上铐控制。

8. 民警对罪犯乙进行观察、询问、检查，视情下一步处置。

9. 语言控制。主盘民警警告："右腿跪起来！"

警情诱导三：罪犯甲消极抵抗，趴在地上不起。

10. 折腕控肩押解带离，押送高戒备监区。

11. 处置民警对事发现场进行有效保护，保全犯罪证据，报请指挥中心向驻监检察室通报情况。

任务七　罪犯徒手袭警行凶的警情控制

一、模拟警情

某夏日下午三点，罪犯甲对监区执勤民警为其调整劳动岗位表示抗拒，不接受新的劳动岗位且态度恶劣，在劳动现场造成不良影响。

警情诱导一：监区民警对其冷处理，令其暂保持原来劳动岗位，该犯情绪稍缓恢复并进行劳动。

警情诱导二：当日晚上，执勤民警将其叫至谈话室，罪犯仍不服管教，情绪激动快速逼近、挥胳膊袭击监区民警。

二、警情拓展

拓展任务七：对抢夺物品嫌疑人的警情盘查。

模拟警情：某市闹市区下午 3 点，民警巡逻时听到一名女性喊"有人抢包了……"。民警迅速赶往现场，发现一名嫌疑人抢夺一名女性的挎包，嫌疑人发现民警后迅速逃跑。

警情诱导一：追到一死胡同，战术站位后，嫌疑人拿出钱来贿赂民警，祈求民警放他一马。民警警告，嫌疑人发疯似地夺路而逃。

警情诱导二：嫌疑人不听从民警警告，挥胳膊袭击民警，欲夺路而逃。

警务理论

科目一 警情处置的法律依据

一、任务七执法依据

《中华人民共和国人民警察法》

第2条、第7条（参照任务一）

第八条 公安机关的人民警察对严重危害社会治安秩序或者威胁公共安全的人员，可以强行带离现场、依法予以拘留或者采取法律规定的其他措施。

第9条、第11条（参照任务一）

《中华人民共和国监狱法》

第39条（参照任务一）

第45条第1款第2、4项（参照任务一）

《山东监狱狱政管理工作标准》

注：本部分内容属内部资料，仅限监狱机关内部使用，具备身份者自行查阅。

第十四章 警械使用管理
第一节 配备及管理要求

第一条 配备标准（参照任务一）

第二条 单警装备配备佩戴要求

值班民警应当按照下列规定配带单警装备（参照任务一）

第二节 警械使用

第一条 警棍、催泪喷射器

值班民警遇有下列情形之一，经警告无效的，可以当场使用警棍、催泪喷射器：

（五）、（六）、（七）

第四条 手铐、脚镣

值班民警遇有下列情形之一的，可以使用手铐、脚镣：

（二）、（三）

第五条　执法记录仪

开展下列现场执法活动，值班民警应当使用视音频执法记录仪进行全程不间断记录（参照任务一）

《监狱执法手册》

注：本部分内容属内部资料，仅限监狱机关内部使用，具备身份者自行查阅。

第十八章　枪支与戒具管理

第一条　警棍

警察在执勤过程中，遇有下列情形之一，经警告无效，可以使用警棍：

（三）、（四）

第二条　手铐脚镣

警察在执勤过程中，遇有下列情形之一的，可以使用手铐、脚镣：

（二）、（四）

《人民警察使用警械和武器条例》

第2、3、4、6条（参照任务一）

第七条　人民警察遇有下列情形之一，经警告无效的，可以使用警棍、催泪弹、高压水枪、特种防暴枪等驱逐性、制服性警械：

……

（四）强行冲越人民警察为履行职责设置的警戒线的；

（五）以暴力方法抗拒或者阻碍人民警察依法履行职责的；

（六）袭击人民警察的；

……

（八）法律、行政法规规定可以使用警械的其他情形。

人民警察依照前款规定使用警械，应当以制止违法犯罪行为为限度；当违法犯罪行为得到制止时，应当立即停止使用。

第8条第1款第1、2、3项（参照任务一）

第十四条　人民警察违法使用警械、武器，造成不应有的人员伤亡、财产损失，构成犯罪的，依法追究刑事责任；尚不构成犯罪的，依法给予行政处分；对受到伤亡或者财产损失的人员，由该人民警察所属机关依照《中华人民共和国国家赔偿法》的有关规定给予赔偿。

第十五条 人民警察依法使用警械、武器，造成无辜人员伤亡或者财产损失的，由该人民警察所属机关参照《中华人民共和国国家赔偿法》的有关规定给予补偿。

二、拓展任务七执法依据

《中华人民共和国居民身份证法》

第15条第1项（参照任务四）

《公安机关适用继续盘问规定》

第2条、第5条、第7条（参照任务四）

第八条 对有违法犯罪嫌疑的人员当场盘问、检查后，不能排除其违法犯罪嫌疑，且具有下列情形之一的，人民警察可以将其带至公安机关继续盘问：

……

（二）有正在实施违反治安管理或者犯罪行为嫌疑的；

（三）有违反治安管理或者犯罪嫌疑且身份不明的；

（四）携带的物品可能是违反治安管理或者犯罪的赃物的。

第11条（参照任务四）

《城市人民警察巡逻规定》

第四条 人民警察在巡逻执勤中履行以下职责：

第1、2、3项（参照任务四）

（四）警戒突发性治安事件现场，疏导群众，维持秩序；

……

（十六）执行法律、法规规定由人民警察执行的其他任务。

第五条 人民警察在巡逻执勤中依法行使以下权力：

第1、2项（参照任务四）

（三）对现行犯罪人员、重大犯罪嫌疑人员或者在逃的案犯，可以依法先行拘留或者采取其他强制措施；

……

（五）对违反治安管理的人，可以依照《中华人民共和国治安管理处罚条例》的规定，执行处罚；

……

（七）行使法律、法规规定的其他职权。

科目二　罪犯袭警的界定

罪犯袭警是指监狱内罪犯以暴力、不配合、威胁等各种方法阻碍、破坏，甚至以报复为目，阻碍、袭击正在依法执行职务的监狱人民警察的行为，或者因警察职务行为引发矛盾从而对监狱人民警察进行袭击的行为。

按照袭警后果，可分为致命性袭警和非致命性袭警。致命性袭警大都有预谋准备作案工具，选择时间、地点和时机，包括报复监狱人民警察、杀警越狱、重刑犯曲线自杀等。非致命性袭警：一部分有预谋准备，罪犯出于报复动机，既有挑衅、羞辱民警执法权威的目的，又有故意伤害民警身体健康的故意；另一部分属于临时冲动，主要指罪犯对监狱人民警察执法行为临时冲动。

警务技战术实战训练

科目一　固锁控制技能

适用警情：

罪犯、戒毒人员或嫌疑人等执法对象不服从控制，不断逼近民警，民警在执法对象身前阻截，执法对象双手垂臂消极抵抗，民警阻截。

技能要领：

1. 民警右手掌根抵住执法对象左胸偏上（如执法对象攻击警察，迅速抠压锁骨活动机能神经中心），并进行语言控制："保持冷静，退后！"有效阻截执法对象。

警情诱导：执法对象不听从，继续往前冲。

2. 民警顺势曲肘，右肘抵住执法对象左肩，左手护于裆部。同时进行语言控制："退后，否则武力控制！"

3. 民警左臂迅速从腋下穿过，大小臂夹紧回拉，迫使执法对象紧贴于自己的身体，撤右腿的同时，右手抠肩窝，大臂顺势斜向下压、折、控肩部，右手推执法对象右脸颊，合力控执法对象。

4. 民警左臂继续前插折压肩部的同时，左手背别压执法对象右脸颊，右手折控其右腕。

5. 民警撤右腿的同时，顺势下压折执法对象肩部，用前臂顶压其肘，迫使肘部不能生理弯曲，肩部前顶其手臂，控执法对象肩部，左手四指抠压其颈部神经痛点，右手按压其耳根神经痛点处。

科目二　　控肘压眉骨押解带离技能

适用警情：

罪犯、戒毒人员或嫌疑人等执法对象俯卧后，消极对抗不配合押解带离。

技能要领：

1. 民警单膝跪地，右臂由下挑肘并折压执法对象的左肩，左手中指按压眉骨机能神经中心。

2. 民警进行语言控制的同时，右臂折压执法对象的左肩，左手按压眉骨机能神经中心，合力迫使执法对象起身。起身后，民警右臂拉近执法对象，迫使执法对象靠近身体，左手按压控制颈部，右臂折肩，身体左后旋转押解执法对象。

科目三 弧形站位战术协同

适用警情：

罪犯、戒毒人员或嫌疑人等执法对象身后有阻截物，无路可退。

技战术要领：

1. 民警弧形站位控制。中间站位的民警迅速战术撤退，同时持握催泪喷射器，另外两名民警手持伸缩警棍战术站位，接近嫌疑人的应急横扫挥棍，另一名民警反手持棍戒备，并做好有效处置突发事件的应急准备。

2. 嫌疑人靠近时，戒备民警伸缩警棍击打桡侧正中活动机能神经中心，趁嫌疑人疼痛的同时，另一名民警击打股骨活动机能神经中心。

警情诱导一：嫌疑人被伸缩警棍击打后，继续逼近民警。

3. 戒备民警战术撤退，主盘民警语言控制："退后，否则使用催泪喷射器！"喷雾式喷射。

警情诱导二：嫌疑人被喷后效果明显。

科目四　锁臂控制技战术

适用警情：

罪犯、戒毒人员或嫌疑人等执法对象被催泪喷射器有效控制，但不服从语言控制。

技能要领：

1. 民警右手持棍，由下向上挑击执法对象左大臂，左手拇指向上顺势抓握伸缩警棍中段。

2. 双手向左下旋压左臂，左腿向左后撤步，合力将执法对象控制在地面。

3. 倒地瞬间，民警单膝跪地，重心前移，伸缩警棍横持棍，锁压执法对象大臂外侧神经机能中心。戒备民警三角锁控制嫌疑人脚踝，右腿跪压胫骨活动机能神经中心。

科目五　　俯地控制上铐技战术

适用警情：

罪犯、戒毒人员或嫌疑人等执法对象被有效地面控制。

技战术要领：

1. 执法对象被控制俯地后，戒备民警折叠并按压执法对象左腿的同时，右膝跪压执法对象右小腿活动机能神经中心；主盘民警双膝跪地，伸缩警棍锁控执法对象左大臂。

2. 戒备民警伸缩警棍旋外压锁控执法对象脚踝。

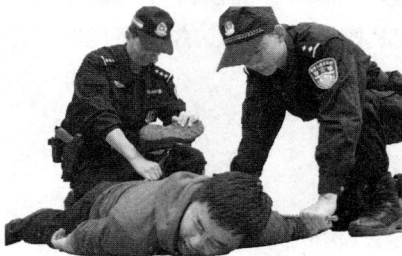

3. 戒备民警有效旋外压锁控执法对象脚踝后，主盘民警左腿跪压执法对象左大臂活动机能神经中心，伸缩警棍尾端压控执法对象背部活动机能神经中心，并进行语言控制："右手举起！"收棍取铐折指压腕上铐。

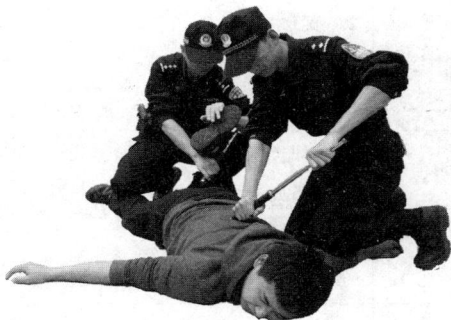

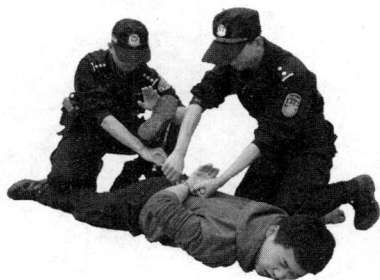

4. 主盘民警右手上铐后，对执法对象跪压左手折指上铐。

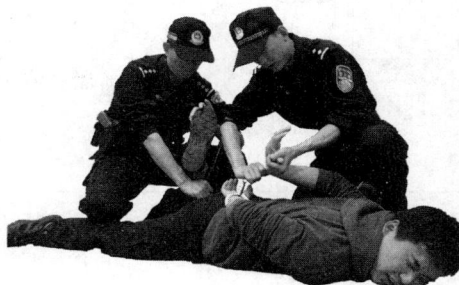

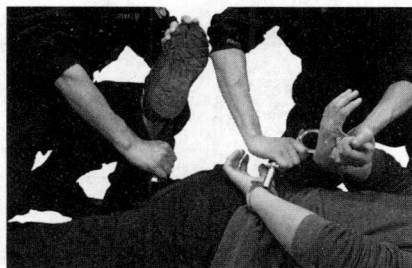

警情处置

任务七的警情处置指引

一、分析研判——应急预案制定

执法程序	案情分析	案情判定
确定对象	罪犯甲不服从岗位调整，徒手袭警。	确定控制对象。

续表

执法程序	案情分析			案情判定
形势评估	基本情况	罪犯甲不服从岗位调整，生产车间抗拒。		1. 依法合理有效自救； 2. 支援汇报； 3. 紧急救治； 4. 控制押解。
	分析研判	罪犯甲	不服从的原因不明。	潜在风险低，提升安全意识，保持戒备距离。
		执勤民警	多警、并携带单警装备。	有警力、武力优势。
		执法环境	监区生产车间。	1. 容易引起围观，空间狭窄，工具较多； 2. 视情武力控制，隔离审查。
应急预案	预案一	罪犯甲谈话服从		1. 打开执法记录仪，查明原因； 2. 批评教育； 3. 进行岗位调整。
	预案二	罪犯甲谈话消极抵抗		1. 打开执法记录仪，查问情况； 2. 语言控制； 3. 隔离调查； 4. 批评教育； 5. 扣分告知。
	预案三	罪犯甲谈话袭击监区民警		1. 打开执法记录仪； 2. 依法武力控制； 3. 呼叫救援； 4. 对事发现场封控保护，保全证据。

二、预案实施

1. 打开执法记录仪。

2. 依据预案实施罪犯甲谈话。

警情诱导一：罪犯甲仍不服管教，消极对抗，站起来欲离开谈话室，民警语言控制，罪犯甲消极抵抗，逼近民警。

3. 民警呼叫支援并阻截。

4. 民警固锁控制。

警情诱导二：固锁控制无效。

5. 跳水式防御创造安全距离，多警弧形战术站位控制。

6. 警告。主盘民警警告嫌疑人："你现在配合，问题很小，否则将受到更严厉的惩罚！"

警情诱导三：罪犯甲不听从监区执勤民警警告，挥胳膊袭击民警。

7. 弧形战术站位交替掩护催泪喷射器控制阻截。

警情诱导四：罪犯甲被催泪喷射器有效控制。

8. 主盘民警伸缩警棍上钩锁控制。

9. 俯地控制上铐。

10. 询问、清洗眼睛。

11. 俯卧式搜身。

12. 俯卧上铐后折腕控肘别臂带离至高戒备监区隔离审讯。

13. 对事发现场进行有效保护，保全证据，报请指挥中心向驻监检察室通报情况。

任务八　罪犯持械袭警行凶的警情控制

一、模拟警情

罪犯甲在生产线上嬉笑打闹，执勤民警当场对其违规行为提出针对性的批评教育，罪犯甲认为民警的教育方式是小题大做，平时日常管理都是在针对他，因此怀恨在心，伺机报复民警。

警情诱导：某日，生产车间，罪犯甲持拖把袭击民警。

二、警情拓展

拓展任务八：对冒用身份证嫌疑人的警情盘查。

模拟警情：在对某小区网吧清查时，发现一名上网人员冒用他人身份证，民警和网管落实情况，看到民警后，嫌疑人迅速起身，和网管索要自己的身份证。

警情诱导：嫌疑人不服从民警控制，持棍棒袭击民警。

警务理论

科目　警情处置的法律依据

一、任务八执法依据

《中华人民共和国人民警察法》

第2条、第7条、第9条、第11条（参照任务七）

《中华人民共和国监狱法》

第39条（参照任务一）

第45条第1款第2、4项（参照任务一）

《山东监狱狱政管理工作标准》

注：本部分内容属内部资料，仅限监狱机关内部使用，具备身份者自行查阅。

第十四章　警械使用管理
第一节　配备及管理要求

第一条　配备标准（参照任务一）

第二条　单警装备配备佩戴要求

值班民警应当按照下列规定配带单警装备（参照任务一）

第二节　警械使用

第一条　警棍、催泪喷射器

值班民警遇有下列情形之一，经警告无效的，可以当场使用警棍、催泪喷射器：

（五）、（六）、（七）

第四条　手铐、脚镣

值班民警遇有下列情形之一的，可以使用手铐、脚镣：

（二）、（三）

第五条　执法记录仪

开展下列现场执法活动，值班民警应当使用视音频执法记录仪进行全程不间断记录（参照任务一）

《监狱执法手册》

注：本部分内容属内部资料，仅限监狱机关内部使用，具备身份者自行查阅。

第十八章　枪支与戒具管理

第一条　警棍

警察在执勤过程中，遇有下列情形之一，经警告无效，可以使用警棍：

（三）、（四）

第二条　手铐脚镣

警察在执勤过程中，遇有下列情形之一的，可以使用手铐、脚镣：

（二）、（四）

《人民警察使用警械和武器条例》

第2、3、4、6条（参照任务一）

第七条　人民警察遇有下列情形之一，经警告无效的，可以使用警棍、催泪弹、高压水枪、特种防暴枪等驱逐性、制服性警械：

……

（五）以暴力方法抗拒或者阻碍人民警察依法履行职责的；

（六）袭击人民警察的；

……

（八）法律、行政法规规定可以使用警械的其他情形。

人民警察依照前款规定使用警械，应当以制止违法犯罪行为为限度；当违法犯罪行为得到制止时，应当立即停止使用。

第8条第1款第1、2、3项（参照任务一）

第14、15条（参照任务七）

二、拓展任务八执法依据

《中华人民共和国居民身份证法》

第15条第1款第1项（参照任务一）

《公安机关适用继续盘问规定》

第2条、第5条 、第7条（参照任务一）

第八条 对有违法犯罪嫌疑的人员当场盘问、检查后，不能排除其违法犯罪嫌疑，且具有下列情形之一的，人民警察可以将其带至公安机关继续盘问：

……

（二）有正在实施违反治安管理或者犯罪行为嫌疑的；

（三）有违反治安管理或者犯罪嫌疑且身份不明的；

《城市人民警察巡逻规定》

第四条 人民警察在巡逻执勤中履行以下职责：

第1、2、3项（参照任务一）

……

（八）制止妨碍国家工作人员依法执行职务的行为；

……

（十六）执行法律、法规规定由人民警察执行的其他任务。

第五条 人民警察在巡逻执勤中依法行使以下权力：

第1、2、3、5、7项（参照任务一）

警务技战术实战训练

科目一 手腕防抓解脱技能

适用警情：

罪犯、戒毒人员或嫌疑人等执法对象双手抓握民警右手。

技能要领：

1. 民警被抓手握拳收紧，撤左腿的同时，右手迅速抓握左拳斜向上拉。

2. 解脱后，战术移动有效戒备距离横扫开棍。并进行语言控制："退后！否则使用伸缩警棍！"

科目二　应急徒手提臂撞击技能

适用警情：

罪犯、戒毒人员或嫌疑人等执法对象突然近身用手挥击民警或突然逼近民警，民警还未有充分准备。

技能要领：

1. 民警双手提臂，大小臂垂直，护于面部，含胸收腹，身体重心前移，上步格挡。

2. 曲右肘的同时以双手前臂为发力点，推开执法对象，再次保持戒备距离。

3. 拉开有效距离，民警上开棍，搭肩戒备。并进行语言控制："保持冷静，退后！否则使用伸缩警棍！"

科目三　反手棍锁颈控制技能

适用警情：

当罪犯、戒毒人员或嫌疑人等执法对象一只手为抬起进攻状态。

技能要领：

1. 民警右手持警棍，两眼目视执法对象，从执法对象进攻手腋下穿过，反持警棍由执法对象颈部外侧绕过，左手抓握伸缩警棍的前端。

2. 双手合力锁紧执法对象颈动脉活动机能神经中心，后拉迫使执法对象贴近民警。

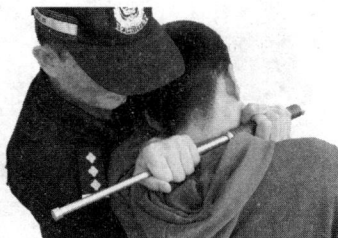

3. 民警斜下方发力，将执法对象摔倒。

科目四　反手棍锁颈控制上铐技能

适用警情：
罪犯、戒毒人员或嫌疑人等执法对象已被反手棍缩颈技术控制。

技能要领：

1. 民警左手横拉，右膝跪其腰，迫使执法对象成俯卧。

2. 民警双脚脚前掌发力，横持棍，锁其颈，左膝跪压执法对象左大臂活动机能神经中心，右膝跪其背部活动机能神经中心神经中心。

3. 语言控制的同时，左手按压执法对象左耳根活动机能神经中心，右手收棍，取铐。

4. 折指压腕右手上铐，折肘左手挑腕上铐。

警情处置

任务八的警情处置指引

一、分析研判——应急预案制定

执法程序		案情分析		案情判定
确定对象		罪犯甲蓄谋袭击监狱执勤民警。		确定控制对象。
形势评估	基本情况	罪犯甲持拖把袭警。		1. 依法合理有效自救； 2. 支援汇报； 3. 紧急救治； 4. 控制押解。
	分析研判	罪犯甲	蓄谋袭警，用磨尖的饭勺柄袭警。	潜在风险高，提升安全意识，保持戒备距离。
		执勤民警	多警并携带单警装备。	有警力、武力优势。
		执法环境	生产车间。	1. 环境狭隘，物品较多； 2. 视情武力控制，隔离审查。
应急预案	预案一	民警迅速摆脱，与罪犯甲对峙，罪犯甲服从语言控制，主动投降。		1. 迅速反应、快速摆脱； 2. 大声示警，呼叫支援； 3. 语言控制罪犯甲； 4. 管控犯群、消除影响； 5. 控制、带离。 6. 对事发现场封控保护，保全证据。

续表

执法程序	案情分析	案情判定
预案二	民警迅速摆脱，罪犯甲消极对抗，形成对峙。	1. 迅速反应、快速摆脱； 2. 大声示警，呼叫支援； 3. 语言控制罪犯甲； 4. 管控犯群、消除影响； 5. 劝说、警告； 6. 低武力控制； 7. 上铐、搜身； 8. 控制、带离； 9. 对事发现场封控保护，保全证据。
预案三	民警迅速摆脱，罪犯甲持续袭警。	1. 迅速反应、快速摆脱； 2. 大声示警，呼叫支援； 3. 高级别武力控制； 4. 支援民警控制罪犯、管控犯群； 5. 支援民警询问被袭民警伤情，视情处置； 6. 上铐搜身，武力押解； 7. 对事发现场封控保护，保全证据。

二、预案实施

1. 手腕防抓解脱，拉开距离。

2. 伸缩警棍应急开棍，大声警告："退后、否则使用伸缩警棍！"

3. 大声示警，呼叫支援，打开执法记录仪。

4. 大声警告："保持冷静，停止不法行为！否则后果自负。"

警情诱导一：罪犯甲不配合，持长棍袭击民警。

5. 应急徒手提臂撞击。

6. 警告："放下棍棒，退后！"

7. 双警伸缩警棍打击。戒备民警击打罪犯甲右臂桡骨侧神经中心，支援民警击打罪犯甲左腿腓骨活动神经机能中心。

警情诱导二：击打后，罪犯甲跪地，手里还持握拖把。

8. 警告。支援民警民警："保持冷静，放下拖把，否则武力控制！""无关罪犯，双手抱头！否则后果自负！"

9. 伸缩警棍、催泪喷射器互换。主盘民警换催泪喷射器，并进行语言控制："放下拖把，否则使用催泪喷射器！无关人员躲避！"

警情诱导三：罪犯甲不听从语言控制。喷射后，罪犯甲用左手捂着眼睛，右手持棍骂民警。

10. 民警战术配合擒拿。主盘民警语言控制以吸引罪犯甲注意力："你现在的行为已构成袭警罪，必须停止你的行为，否则你将会受到更严厉的惩罚！"戒备民警趁机反手棍锁颈控制。

11. 支援民警徒手锁腕控制，询问被袭民警伤情，视情处置。

12. 双警战术配合上铐。

13. 搜身。

14. 告诫与安慰，清洗处理。

15. 伸缩警棍别臂带离至高戒备监区。

16. 对事发现场进行有效保护，保全证据，报请指挥中心向驻监检察室通报情况。

情境五　罪犯脱逃行为的应急处置

任务九　罪犯去向不明的警情处置

一、模拟警情

某日三监区小时点名时，发现罪犯甲不在劳动岗位，联号罪犯均不清楚其去向，监区执勤民警迅速集合全体罪犯，并搜查劳动区域未果。

警情诱导：执勤民警报告指挥中心，启动应急预案。应急处置组对全狱各区域搜索后，在一下水道内发现罪犯，实施控制时，罪犯不服从控制。

二、警情拓展

拓展任务九：对偷盗嫌疑人的警情缉捕。

模拟警情：夏天某日下午3时，在某市闹市区商场二层，民警巡逻发现一名男子疑似小偷。

警情诱导一：通过跟踪获取扒窃证据；通过信息比对，此人有吸毒等多次犯罪前科。

警情诱导二：嫌疑人有很强的反侦察能力，多次抓捕未果。商场外地理位置复杂，命令民警在商场二层实施抓捕。

警务理论

科目一　警情处置的法律依据

一、任务九执法依据

《中华人民共和国人民警察法》

第六条　公安机关的人民警察按照职责分工，依法履行下列职责：

（一）预防、制止和侦查违法犯罪活动；

（二）维护社会治安秩序，制止危害社会治安秩序的行为；

……

第七条　公安机关的人民警察对违反治安管理或者其他公安行政管理法律、法规的个人或者组织，依法可以实施行政强制措施、行政处罚。

第九条　为维护社会治安秩序，公安机关的人民警察对有违法犯罪嫌疑的人员，经出示相应证件，可以当场盘问、检查；经盘问、检查，有下列情形之一的，可以将其带至公安机关，经该公安机关批准，对其继续盘问：

……

（二）有现场作案嫌疑的；

……

第十一条　为制止严重违法犯罪活动的需要，公安机关的人民警察依照国家有关规定可以使用警械。

《中华人民共和国监狱法》

第三十九条　监狱根据罪犯的犯罪类型、刑罚种类、刑期、改造表现等情况，对罪犯实行分别关押，采取不同方式管理。

第四十五条　监狱遇有下列情形之一的，可以使用戒具：

（一）罪犯有脱逃行为的；

（二）罪犯有使用暴力行为的；

（三）罪犯正在押解途中的；

（四）罪犯有其他危险行为需要采取防范措施的。

前款所列情形消失后，应当停止使用戒具。

第四十六条　人民警察和人民武装警察部队的执勤人员遇有下列情形之一，非使用武器不能制止的，按照国家有关规定，可以使用武器：

……

（二）罪犯脱逃或者拒捕的；

（三）罪犯持有凶器或者其他危险物，正在行凶或者破坏，危及他人生命、财产安全的；

……

使用武器的人员，应当按照国家有关规定报告情况。

《山东监狱狱政管理工作标准》

注：本部分内容属内部资料，仅限监狱机关内部使用，具备身份者自行查阅。

第十四章　警械使用管理
第一节　配备及管理要求

第一条　配备标准（参照任务一）

第二条　单警装备配备佩戴要求

值班民警应当按照下列规定配带单警装备（参照任务一）

第二节　警械使用

第一条　警棍、催泪喷射器

值班民警遇有下列情形之一，经警告无效的，可以当场使用警棍、催泪喷射器：

（四）、（五）、（六）、（七）

第四条　手铐、脚镣

值班民警遇有下列情形之一的，可以使用手铐、脚镣：

（二）、（三）

第五条　执法记录仪

开展下列现场执法活动，值班民警应当使用视音频执法记录仪进行全程不间断记录（参照任务一）

《监狱执法手册》

注：本部分内容属内部资料，仅限监狱机关内部使用，具备身份者自行查阅。

第十八章　枪支与戒具管理

第一条　警棍

警察在执勤过程中，遇有下列情形之一，经警告无效，可以使用警棍：

（一）、（四）

第二条　手铐脚镣

警察在执勤过程中，遇有下列情形之一的，可以使用手铐、脚镣：

（一）、（二）、（三）、（四）

二、拓展任务九执法依据

《城市人民警察巡逻规定》

第四条　人民警察在巡逻执勤中履行以下职责：

（一）维护警区内的治安秩序；

（二）预防和制止违反治安管理的行为；

（三）预防和制止犯罪行为；

……

第五条　人民警察在巡逻执勤中依法行使以下权力：

（一）盘查有违法犯罪嫌疑的人员，检查涉嫌车辆、物品；

（二）查验居民身份证；

（三）对现行犯罪人员、重大犯罪嫌疑人员或者在逃的案犯，可以依法先行拘留或者采取其他强制措施；

……

科目二　缉捕概念

缉捕，通常指人民警察对罪犯、戒毒人员或嫌疑人等执法对象采取的缉查、抓捕警务行动。

科目三　抓捕

一、抓捕的概念

民警运用合理的战术，依法对犯罪分子或犯罪嫌疑人实施的武力捕获警务行动。

二、抓捕的特点

1. 潜在风险高。抓捕行动是民警与犯罪嫌疑人身体与身体的直接接触。犯罪嫌疑人为了逃避法律制裁，往往以各种手段进行对抗和拒捕，尤其是违法成本较高的嫌疑人，他们穷凶极恶、鱼死网破，以凶残手段抗击民警抓捕。

2. 不确定因素多。抓捕行动大多是在动态下执行的，而且执法环境复杂，执法对象生理、心理不可预知，作战预案往往会因为客观因素而打乱。

3. 保密性强。抓捕行动方案要高度保密。对嫌疑人秘密抓捕不仅能够节省执法成本，更能够最大限度保护民警安全。否则会造成抓捕对象的逃跑和藏匿，甚至人员伤亡。

4. 信息依赖性大。抓捕行动针对已经有一定证据证明有犯罪嫌疑的人，因此信息一定要准确、全面。

三、抓捕行动的要求

1. 充分估势，防控为主。抓捕行动危险性大的特点，要求民警具有高度的安全意识和规范的执法行为。面对现场可能出现的危险，一定要避免遇到突发警情时措手不及，思想上要保持高度的警惕，行动上要采取必要的预防和控制措施，保证安全出警和规范出警。

2. 因情施策，抢先施变。抓捕行动不确定因素多的特点，要求民警在执行抓捕行动时必须依据现场警情，对各种危险因素提前评估，灵活应对，把握主动权，活用战法，不拘泥于教条。

3. 搜寻证据，保护证据。在有效抓捕嫌疑人后，首先要对犯罪证据确认和保护，及时搜缴各种与案件有关的人证、物证及其他形式的证据，使抓捕行动合法、完整，为案件的顺利侦破提供支持和保证。

科目四　室外抓捕的基本程序

一、搜集情报

1. 抓捕对象的基本情况。包括：抓捕对象的姓名、年龄、性别、经历、体貌特征，特别要注意是否有特殊特征；抓捕对象的心理状态、反抗意识、拒捕能力、家庭情况、社会关系等；是否有同伙、同伙的情况；是否持有凶器、武器或携带危险品。

2. 活动区域和现场环境。抓捕对象活动区域内的情况，从中分析掌握抓捕对象的活动规律；抓捕现场是否为公共场所，是否有建筑物，建筑物的类型、结构、与其他相关建筑物的关系、出入口的数量、位置等；抓捕对象在室外的位置是否与建筑物相关，室外环境是否空旷；影响抓捕行动的其他因素。

3. 抓捕现场的基本社情。包括：抓捕对象的亲属、相关关系人的基本情况，是否会包庇、纵容或和抓捕对象一起反抗；现场的人、车流量；当地的民风习俗、宗教信仰；群众的法制观念、文化素质及政治素质等。

二、警力部署

1. 抓捕组：进一步明确情报的可靠性；暗中围控住嫌疑人。
2. 接应组：依据警情隐蔽在附近待命。
3. 警戒组：负责外围出入口的封锁和监控。

三、行动实施

1. 抓捕组。
（1）接近目标；
（2）有效控制；
（3）及时搜身；
（4）迅速撤离。
2. 接应组。依据警情向事件中心点战术移动，随时进行必要的接应和支援，协助抓捕组迅速撤离。
3. 警戒组。
（1）依据警情向事件中心点战术移动，观察人群中是否有嫌疑人的同伙；
（2）对围观人员表明身份，说明情况，为撤退做好铺垫。

四、抓捕行动善后工作

1. 救护。如果造成人员伤亡，保护好现场的同时，实施抢救程序。
2. 保护现场。加强对围观人员的疏导、控制，保护好现场。
3. 固定证据。对现场进行搜查取证，必要时进行现场勘验。

4. 清点、撤离。

警务技战术实战训练

科目一　伸缩警棍下锁腿控制技战术

适用警情：

罪犯、戒毒人员或嫌疑人等执法对象没有发现民警的作战意图，民警跟踪接近执法对象，选择合适抓捕场所，对执法对象实施战术控制。

警情诱导：

执法对象潜在危险较高，且有一定的实战对抗能力。

技战术要领：

1. 主盘民警搭手戒备站位于执法对象左手侧；戒备民警站位于嫌疑人右手侧；主控民警右手隐藏式持棍站位于执法对象后侧。主盘民警搭枪戒备，并进行语言控制："某某，现依法对你盘查。"主控民警趁机接近执法对象。

2. 主控民警战术移动到战术盘查位置，下开棍横持棍迅速插于执法对象大腿之间，左手防控于肩胛骨；主盘民警、戒备民警战术接近执法对象，分别战术控位于执法对象身体两侧。

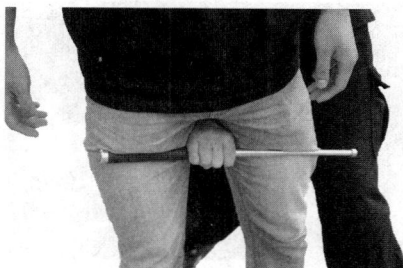

3. 主控民警迅速后拉棍，左手推击执法对象上体，迫使其俯卧式倒地；主盘民警和戒备民警战术接近，按压其颈部，并控制执法对象手。主控民警左手按压控制腰部。

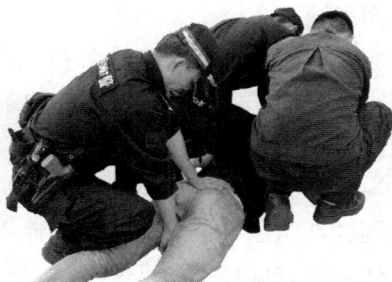

4. 主控民警重心前移，右腿跪压执法对象右大腿内侧活动机能神经中心，双手控制执法对象腰部；两名民警协助主控民警依次上铐。

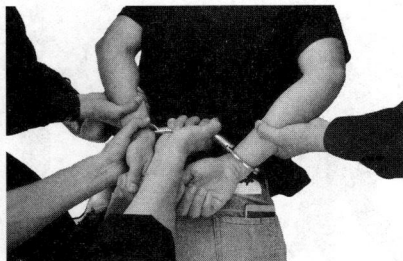

5. 搜身、押解带离。

科目二　　警棍抱腿顶摔脚锁技战术

适用警情：

罪犯、戒毒人员或嫌疑人等执法对象注意力不在实施技术动作（身后）的民警上，技术动作实施具备突然性的条件。

技战术要领：

1. 身前民警吸引执法对象注意力，身后民警从执法对象后方接近，下潜的同时右腿插在执法对象两腿中间，伸缩警棍绕过执法对象的两腿胫骨偏上位置，左手抓住伸缩警棍棍头，迅速后拉，右肩顶其胯，合力将执法对象摔倒。

2. 执法对象倒地后，身后民警迅速贴近执法对象，双手横持棍压、控执法对象的膝盖。

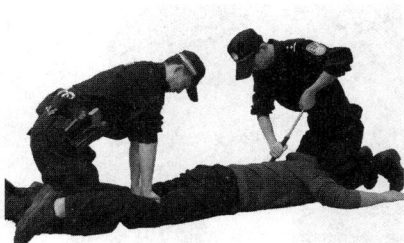

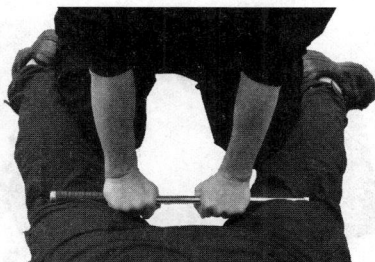

3. 身前民警双腿夹紧执法对象头部，伸缩警棍尾端锁控执法对象背部神经机能活动中心。

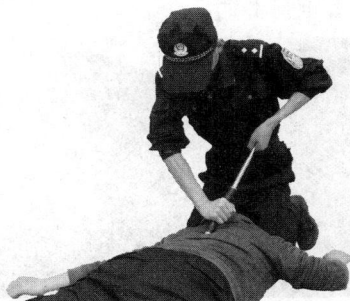

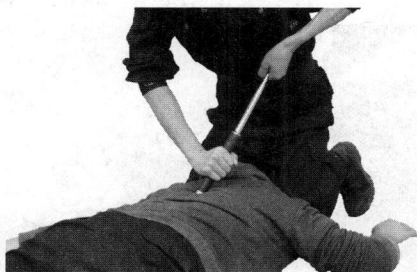

4. 身后民警右膝跪压执法对象右腿股骨机能神经活动中心，左手折压左腿。

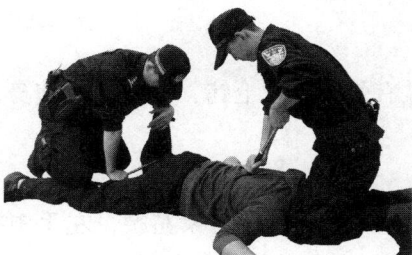

5. 重心上提，左臂折臂，右手持握伸缩警棍回拉，左手旋压脚踝，合力控制。

6. 身前民警双腿加紧控制执法对象头部，并进行语言控制："服从指令，否则后果自负，右手慢慢抬起。"收棍、取铐折指压腕上铐。

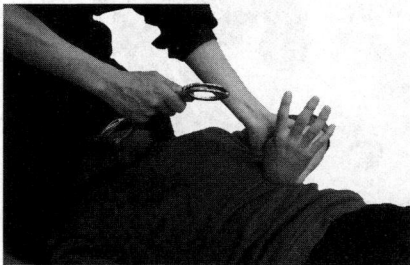

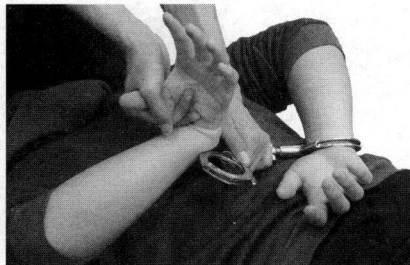

科目三　　控肘压眉骨押解带离技战术

适用警情：

罪犯、戒毒人员或嫌疑人等执法对象被有效俯卧式上铐，并被有效搜身，执法对象消极抵抗，俯地不起。

技战术要领：

1. 主盘民警右手折控执法对象左肩，右腿顶靠执法对象左腰，左手中指控眉骨活动机能神经中心，戒备民警扶肘折肩；主盘民警进行语言控制"慢慢起身，右膝跪地"的同时，双警折、控肩，主盘民警控压执法对象眉骨活动机能神经中心，合力迫使执法对象右腿跪地，跪地的同时，主盘民警左手控其颈部。

2. 主盘民警语言控制："左膝跪地！"双警提拉抬的同时，主盘民警再次进行语言控制："慢慢起立，不要乱动！"

3. 押解带离。

📖 警情处置

任务九的警情处置指引

一、分析研判——应急预案制定

执法程序	案情分析	案情判定

执法程序	案情分析			案情判定
确定对象	罪犯在狱内下水道被搜查到。			确定控制对象。
形势评估	基本情况	监区小时点名时发现一名罪犯不在劳动岗位，在狱内下水道被搜查到。		1. 集合清点； 2. 搜集研判信息； 3. 求援报告； 4. 按预案搜索； 5. 大声训斥警告； 6. 向指挥中心情况报告； 7. 武力控制； 8. 适时移交处置； 9. 隔离审查。
	分析研判	罪犯	脱离管控，在狱内下水道被搜查到，原因不明、目的不明。	1. 潜在风险较高，提升安全意识，保持戒备距离； 2. 从严、从快处理。
		执勤民警	多警，携带单警装备。	1. 视情呼叫支援 2. 提升警力、武力优势。
		执法环境	全狱。	范围广，不可预测因素较多。
应急预案	预案一	警组对全狱各区域搜索，搜索后罪犯配合控制。		1. 集合清点； 2. 搜集研判信息； 3. 向指挥中心求援并报告当前情况； 4. 按预案清查、搜索； 5. 大声训斥警告； 6. 向指挥中心情况报告； 7. 语言控制； 8. 适时移交处置； 9. 隔离审查。

续表

执法程序	案情分析	案情判定
预案二	警组对全狱各区域搜索，搜索后罪犯不配合控制。	1. 集合清点； 2. 搜集研判信息； 3. 向指挥中心求援并报告当前情况； 4. 按预案清查、搜索； 5. 大声训斥警告； 6. 技战术武力控制； 7 向指挥中心情况报告； 8. 适时移交处置； 9. 隔离审查。 10. 封控保护，保全证据。
预案三	罪犯采用自杀等威胁手段。	参照任务五预案处置。

二、预案实施

1. 按照既定组集合，清点人数。

2. 利用亲近的罪犯、以及联组联号以及狱内大数据手段搜集研判信息。

3. 向指挥中心求援并报告当前情况。

4. 多级联动，按预案清查、搜索。

5. 抓捕组战术接近，利用伸缩警棍下锁腿绊摔控制。

警情诱导：抓捕顺利。

6. 控制、战术搜身。

7. 人员交接押解带离。

8. 清除场地，恢复秩序，做好宣传引导工作。

9. 对事发现场进行有效保护，保全证据，上报指挥中心。

任务十 罪犯混车脱逃的警情处置

一、模拟警情

夏天某日下午 3 时，监狱大门执勤民警对车辆进行安检时，发现车辆有重大嫌疑，通过车底成像系统发现一名罪犯藏匿车底意图混车脱逃。

警情诱导：执勤民警不惊动罪犯，稳住车辆人员的情况下，进入值班室关闭隔离门并报告指挥中心。指挥中心迅速启动应急预案，狱内戒严。通过人数清点，迅速确定装卸区一名罪犯不在管控范围。

二、警情拓展

拓展任务十：对嫌疑车辆的警情查控。

模拟警情：接群众报案，近几个月，某小区多次发生公共设施被盗案件。12月23日晚22时，巡警大队对该小区巡逻，发现一辆外地车牌车辆，车辆长时间不熄火停靠在路边，经询问物业保安，查控小区录像，查明该车辆近几个月多次以找人为借口，临时进入小区。

警情诱导：嫌疑人不配合民警的盘查，发现车内有电线等物品。

警务理论

科目一　警情处置的法律依据

一、任务十执法依据

《中华人民共和国人民警察法》

第6条第3项（参照任务三）

第九条第一款　为维护社会治安秩序，公安机关的人民警察对有违法犯罪嫌疑的人员，经出示相应证件，可以当场盘问、检查；经盘问、检查，有下列情形之一的，可以将其带至公安机关，经该公安机关批准，对其继续盘问：

（一）被指控有犯罪行为的；

（二）有现场作案嫌疑的；

（三）有作案嫌疑身份不明的；

（四）携带的物品有可能是赃物的。

第十五条　县级以上人民政府公安机关，为预防和制止严重危害社会治安秩序的行为，可以在一定的区域和时间，限制人员、车辆的通行或者停留，必要时可以实行交通管制。

公安机关的人民警察依照前款规定，可以采取相应的交通管制措施。

《中华人民共和国监狱法》

第四十二条　监狱发现在押罪犯脱逃，应当即时将其抓获，不能即时抓获的，应当立即通知公安机关，由公安机关负责追捕，监狱密切配合。

第四十三条　监狱根据监管需要，设立警戒设施。监狱周围设警戒隔离带，未经准许，任何人不得进入。

第四十四条　监区、作业区周围的机关、团体、企业事业单位和基层组织，应当协助监狱做好安全警戒工作。

第四十五条　监狱遇有下列情形之一的，可以使用戒具：

（一）罪犯有脱逃行为的；

（二）罪犯有使用暴力行为的；

（四）罪犯有其他危险行为需要采取防范措施的。

前款所列情形消失后，应当停止使用戒具。

第四十六条　人民警察和人民武装警察部队的执勤人员遇有下列情形之一，非使用武器不能制止的，按照国家有关规定，可以使用武器：

……

（二）罪犯脱逃或者拒捕的；

（三）罪犯持有凶器或者其他危险物，正在行凶或者破坏，危及他人生命、财产安全的；

……

《山东监狱狱政管理工作标准》

注：本部分内容属内部资料，仅限监狱机关内部使用，具备身份者自行查阅。

第十四章　警械使用管理
第一节　配备及管理要求

第一条　配备标准（参照任务一）

第二条　单警装备配备佩戴要求

值班民警应当按照下列规定配带单警装备（参照任务一）

第二节　警械使用

第一条　警棍、催泪喷射器

值班民警遇有下列情形之一，经警告无效的，可以当场使用警棍、催泪喷射器：

（四）、（五）、（六）、（七）

第四条　手铐、脚镣

值班民警遇有下列情形之一的，可以使用手铐、脚镣：

（二）、（三）

第五条　执法记录仪

开展下列现场执法活动，值班民警应当使用视音频执法记录仪进行全程不间断记录（参照任务一）

《监狱执法手册》

注：本部分内容属内部资料，仅限监狱机关内部使用，具备身份者自行查阅。

第十八章　枪支与戒具管理

第一条　警棍

警察在执勤过程中，遇有下列情形之一，经警告无效，可以使用警棍：

（一）、（四）

第二条　手铐脚镣

警察在执勤过程中，遇有下列情形之一的，可以使用手铐、脚镣：

（一）、（二）、（三）、（四）

《中华人民共和国人民警察使用警械和武器条例》

第2、3、4、6条（参照任务五）

第七条第一款　人民警察遇有下列情形之一，经警告无效的，可以使用警棍、催泪弹、高压水枪、特种防暴枪等驱逐性、制服性警械：

……

（四）强行冲越人民警察为履行职责设置的警戒线的；

（五）以暴力方法抗拒或者阻碍人民警察依法履行职责的；

……

（七）危害公共安全、社会秩序和公民人身安全的其他行为，需要当场制止的；

（八）法律、行政法规规定可以使用警械的其他情形。

第八条　人民警察依法执行下列任务，遇有违法犯罪分子可能脱逃、行凶、自杀、自伤或者有其他危险行为的，可以使用手铐、脚镣、警绳等约束性警械：

（一）抓获违法犯罪分子或者犯罪重大嫌疑人的；

（二）执行逮捕、拘留、看押、押解、审讯、拘传、强制传唤的；

……

第九条　人民警察判明有下列暴力犯罪行为的紧急情形之一，经警告无效的，可以使用武器：

……

（八）结伙抢劫或者持械抢劫公私财物的；

……

（十）以暴力方法抗拒或者阻碍人民警察依法履行职责或者暴力袭击人民警察，危及人民警察生命安全的；

……

（十四）犯罪分子携带枪支、爆炸、剧毒等危险物品拒捕、逃跑的；

……

二、拓展任务十执法依据

《城市人民警察巡逻规定》

第五条　人民警察在巡逻执勤中依法行使以下权力：

（一）盘查有违法犯罪嫌疑的人员，检查涉嫌车辆、物品；

……

第六条第一款　在巡逻执勤中遇有重要情况，应当立即报告。对需要采取紧急措施的案件、事件和事故，应当进行先期处置。

科目二　静止车辆查控的基本程序

一、查控准备

民警间要明确分工，协同一致。

1. 主盘民警主要负责对罪犯、戒毒人员或嫌疑人等执法对象的盘问和检查，以及对车辆的检查。

2. 戒备民警主要负责对主盘民警的保护以及周围环境的戒备观察。

二、查控实施

(一) 观察和确认

民警到达指定现场，通过对车辆型号、颜色、牌照真伪以及有关特征与已获知情况对比；对是否存在明显的剐蹭损伤以及面对民警时驾车人或乘车人有无神色慌张、表现反常等的对比和观察，确认嫌疑车辆。

(二) 控制车辆

民警要在相对安全的战术站位距离和戒备位置上，通过语言、武力等手段控制嫌疑车辆。

注意事项：

1. 静止可疑车辆控制时，如果车辆未处于熄火状态，不要从车前或车后穿过。

2. 静止可疑车辆处于熄火状态，也要注意合理的站位，禁止站在可疑车辆的正前方或正后方，避免遭到车内人员的突然袭击。(图示错误示范)

3. 站位控制时避免处于同伴的火力区域内。

常见警情一图示：

常见警情二图示：

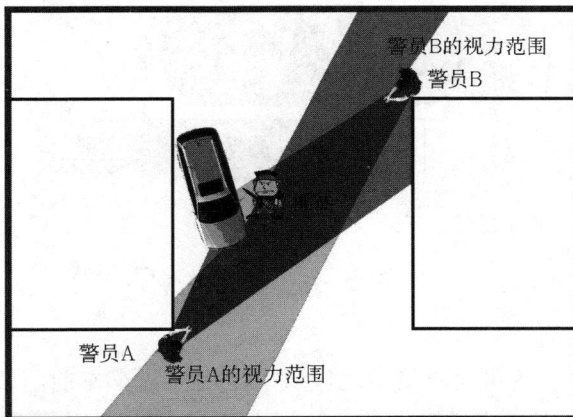

（三）接近

在高度戒备下采用合理的战术路线和行动区域接近车辆，静止车辆的接近分为观察接近和盘问接近。

1. 民警接近嫌疑车辆的心理准备。

（1）具备应对危险的一切准备？

（2）车是否熄火？

（3）车内人员人数？

（4）车内有无武器、凶器、爆炸物？

（5）警力优势怎样？

（6）有无掩护物？

（7）有无撤退路线？

2. 民警接近嫌疑车辆的行动要求。

（1）神情自然，做到外松内紧。

（2）接近时，观察车内人员的双手和身体有异常动静。

（3）危险处置原则为先躲避后反击或边躲避边反击。

（4）规范查控车辆程序，两名民警要密切配合，主次分明，分工明确。

3. 民警战术接近嫌疑车辆的接近区域与接近路线。

（1）接近区域。主要分为近距离袭击区、目标区、火力网区、推进区。

近距离袭击区，为可实质接触之区域。是民警与车左前门驾驶人位置 30 厘米内，罪犯、戒毒人员或嫌疑人等执法对象利用车门、徒手、持械对民警实施攻击。

目标区，民警在此区域易成为罪犯、戒毒人员或嫌疑人等执法对象的目标。从车身左侧开始，相对车辆走到与车身左侧大约呈 45°角的位置。这个大扇形的区域就是目标区。此区域坐在司机位的执法对象对盘查的民警一目了然，可利用武器对民警实施攻击。

火力网区，对方用枪的射击区（右手）。就是目标区 45°角的位置，走一个扇形，向车后走，与车身大约一个人体的位置，并于车身大约 30 厘米，那么这个扇形面积就是火网区。此区域坐在司机位的执法对象利用枪支对民警实施攻击。

推进区，较为安全区域。就是从嫌疑车辆的左后方沿着与车辆左侧一个平行线，这个平行线与车身左侧距离宜小不宜大，推进到与车门接缝这个位置。坐在司机位的执法对象对民警攻击时，在此区域动作是受限制的。

（2）接近路线。

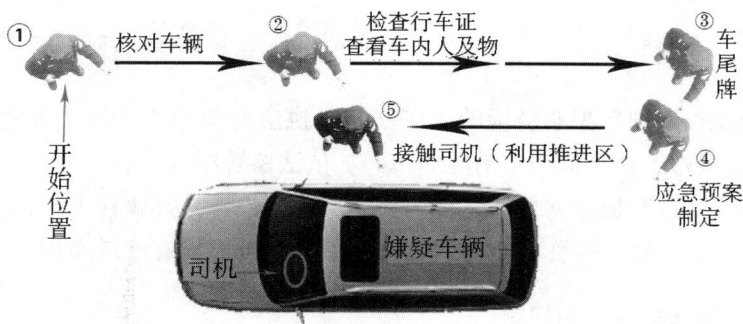

动作要领：民警沿车辆右侧进行观察，在①号位主要方便民警察看车型、前车牌；②号位检验行车证，观察车内人员动态；在②号位至③号位对车外观疑点的识别，若能看到车内，再进一步察看人员动态；③号位辨别后车牌；④号位汇报、核实、评估、计划行动；⑤号位采取向前探望的姿势，逐一检查后备箱是否锁好，车后排座位，然后是前排。

（四）盘查

接近后，民警先对车里有关人员进行逐一盘问和检查，如果有重大嫌疑并有证据证明的，对车辆进一步检查。

1. 盘问。盘问民警采取侧身站立的姿势，站位驾驶位置左前侧，保持适当距离，对被盘查人员进行盘问。

（1）驾驶员基本情况（姓名、年龄、籍贯、单位、住址等）。

（2）车上乘坐人员的基本情况（人数、来历、与己关系等）。

（3）重点问清车主（单位或个人），车的用途、去向、车上搭载的乘客情况（身份、与己关系等）和物品情况等。

2. 证件检查。当盘问不能排除嫌疑时，盘问的民警在保持侧身站立的戒备姿势基础上，对驾驶员的身份证、驾驶证、行驶证、营运许可证及保险等合法证明及有关证件进行进一步盘问查验。

3. 人身检查。当需要对车上人员进行人身检查时，盘查民警应合理换位，语言控制执法对象下车接受检查。车内如有其他人员，按同一方法逐一下车，分别交警戒民警搜身、控制。

4. 对车辆的检查。在对乘车人员进行人身检查控制后，应立即对车座舱、车后备箱和车上物品进行检查，其目的在于检查车上可能藏有的涉案物证，甚至隐藏的执法对象。

（五）查控善后

1. 经盘查发现有犯罪嫌疑的，应立即对执法对象予以控制，并将情况及时向指挥中心报告，在采取一定措施后带回，依法留置继续审查。

2. 盘查后没有发现问题的，应当立即交还证件，做好解释工作，礼貌放行。

3. 做好查控登记工作，清点武器、装备、人员后，有序撤离现场。

三、车辆查控注意的问题

1. 发现嫌疑车辆或执法对象时，应保持镇定，切忌慌张、兴奋，以免惊动执法对象。

2. 发现嫌疑车辆后，及时向领导和有关方面报告情况；跟踪观察时，要注意隐蔽和行车安全。

3. 对于暴力犯罪的嫌疑车辆，发现后不要轻举妄动，要尽量避免一旦惊动案犯后可能形成的对峙状态；必要时，根据具体情况，在检查发现目标的同时采取控制措施，抓捕执法对象。

四、可疑物品的基本特征

1. 疑似作案工具：凿、钳、锯、管等。

2. 疑似违禁物品：枪支、管制刀具（匕首、三棱刀、弹簧跳刀、各种尖刀）、毒品及吸食工具等。

3. 疑似爆炸物品。

4. 其他异常物品：金属制品如电缆线、铜、铝、不锈钢、铁等；疑似伪钞、假币等物品。

科目三　特殊车辆查控的基本程序

1. 收集信息，分析研判。

2. 明确分工，协同一致。

第一，主盘民警主要负责对罪犯、戒毒人员或嫌疑人等执法对象的盘查，如有危险，大声通知同伴。

第二，戒备人员主要负责对主盘人员的保护以及周围环境的观察。

3. 卡点选择和设置。

第一，注意事项。

（1）卡点的选择要周密合理。

（2）依据警情合理选择卡点设置模式。

（3）保证通信联络的畅通。

（4）禁止无关人员在卡点围观。

第二，设卡所需装备。路障、停车示意牌、警车、反光背心、头盔、防弹衣、警用手电、指示灯、导引牌、阻车钉等。

4. 实施查控。

第一，观察和确认。民警采用蹲点、实时跟踪的方式了解警情，确认嫌疑车辆。

第二，截停车辆。

（1）检查站截停。利用检查站或收费站拦截。

（2）定点截停。选择适宜拦截地点或路段，利用警车、临时示意牌等设备，设置车辆截停标识，对车辆拦截检查。

（3）引导式截停。依据道路的限速要求，在拦截点前方 100～200 米左右设置车辆检查指示标志和导行路线，使车辆减速，沿导型线路慢行至检查点进行检查。

（4）混合式卡点截停。通常设置观察点、盘查点和阻截点，在盘查卡点前方 500～1000 米处设置观察哨，在盘查卡点后方 500～1000 米处设置阻截点，进行特殊警情拦截。

（5）车辆追击式截停。一般采用前堵后追的方式，不提倡撞车或逼车的方式。

（6）对暴力嫌疑车辆截停。一般采用驾车追击截停和设卡堵截截停。

第三，强行控制。对重大嫌疑车辆截停后的控制分为对车的控制和对车内执法对象的控制，按先控车后控人的战术原则进行。

（1）对车的控制。重大嫌疑车辆被有效截停后，民警在相对安全的距离和位置（民警以车门、车轮及墙角、树等物体作为掩护物）战术站位戒备，通过喊话控制的方式控制嫌疑车辆。注意对车控制前的战术站位，要避免处于同伴的火力区域内。

（2）对驾驶员的控制。①语言控制驾驶员进入冻结区，旋转一周。②语言控制驾驶员进入安全区。③搜身上铐。④初步盘问：一是姓名、年龄、籍贯、去向等个人情况，与已知情报对比，再次确认身份。二是车上搭载乘坐人员的人数、与驾驶员关系等基本情况，再次核对情报。三是后备箱内的物品、车内违禁物品、爆炸物、砍刀等械具，确认接近风险。⑤初步人身检查控制：一是对车内其他人员的控制，车内其他人员按同一方法逐一下车，控制、盘问。二是再次人身检查，全部人员控制完毕，民警再次对执法对象进行详细人身检查。

第四，接近车辆。截停车辆后，对车内已观察到的人员有效战术控制后，在高度戒备下采用合理的战术路线和行动区域接近车辆。

（1）民警接近嫌疑车辆的心理准备。①是否具备应对后备箱有人、爆炸品的准备？②是否确定掩护物的位置？③是否明确撤退路线？

（2）民警接近嫌疑车辆的接近路线。

第五，检查车辆。战术接近车辆后，按照车后备箱、车座舱、车上物品的顺序进行彻底检查（大客车要占据前中后，多点监控）。其目的在于检查车上可能藏有的涉案物证，甚至隐藏的犯罪嫌疑人。

第六，查控善后。

（1）将情况及时向指挥中心报告，采取一定措施后带回，依法留置继续审查。

（2）做好查控登记工作，清点武器、装备、人员后，有序撤离现场。

科目四　狱内车辆安监界定

狱内车辆安监是指监狱内看守执勤民警按照规定对进出的各类车辆及随车人员、随车物品进行的安全检查。主要包括两类，一类是警车、转运车辆等监狱内部车辆；另一类是货运车辆、工程车辆等确需进入监区的外来车辆。

　　狱内获准车辆须按规定停靠，并按要求进行相应操作，执勤民警利用红外监控高清探头、车底反视镜、生命探测装置等设备对驾驶室、车厢内部及车厢底部等可能藏匿人员、物品的部位进行逐一查验。

📖 警务技战术实战训练

科目一　未熄火静止车辆接近技战术

适用警情：

民警位于车辆的右侧侧前方，对停靠在马路边上未熄火静止车辆接近盘查。

技战术要领：

1. 确认查控嫌疑车辆后，在保持外松内紧的心理戒备基础上，沿着图例战术行进路线，按照正常状态行进观察。

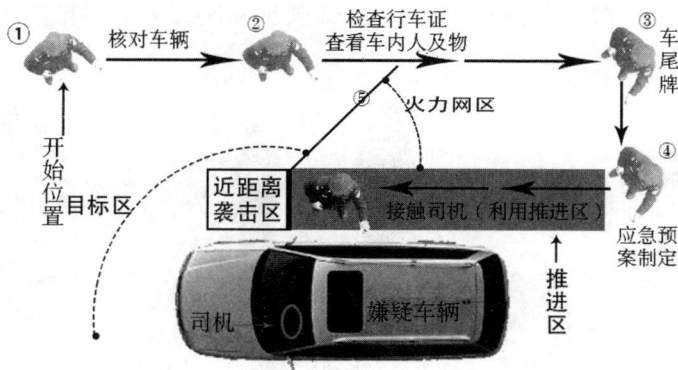

2. 观察环境，确认战术撤退路线，以及掩体。

（1）①号位主要对车型、前车牌号码、前挡风玻璃和右侧玻璃是否贴膜以及驾驶室内人员分布、基本容貌、基本坐姿进行观察。

（2）②号位主要对检验行车证、副驾驶员和后排座位驾驶员后的乘车人进一步观察。

（3）从②号位至③号位主要对车外观疑点的识别，再进一步确定人员动态。

（4）③号位对后车牌进行辨别，对驾驶员和副驾驶员后排座位乘车人进一步观察。

（5）④号位汇报、核实、评估、计划行动。

（6）⑤号位采取向前探望的姿势，逐一检查后备箱是否锁好，车后排座位，然后是前排。

科目二 熄火静止车辆接近技战术

适用警情：

民警对嫌疑车辆已经初步掌握了基本信息，需要进一步查控。

警情诱导：初步掌握嫌疑车辆具有较高潜在风险，前期观察后排没有人，驾驶位置和副驾驶位置有人。

技战术要领：

1. 观察环境，确认战术撤退路线，以及掩体。

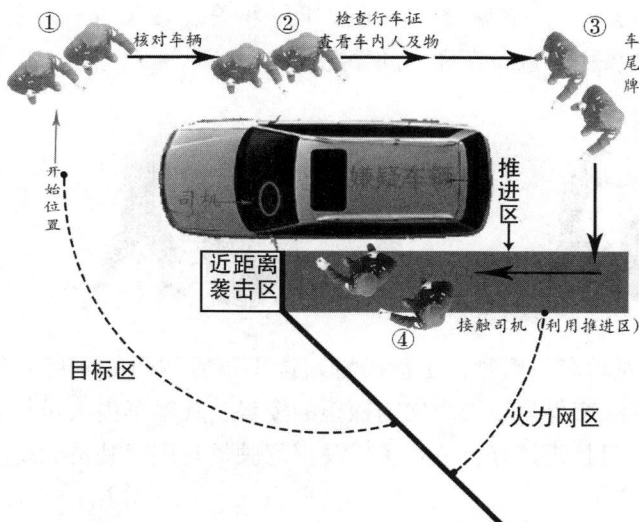

2. 民警搭枪戒备战术推进，①号位和②号位民警成双警战术小组，按照未熄火静止嫌疑车辆查控技术，合理分工，实施战术盘查。

3. ③号位推进时提高戒备，快速通过，到达推进区。

4. 接近推进区时，两名民警小组战术队形从嫌疑车辆的左侧后45°角交替掩护，推进区战术推进。

5. 接近车尾厢时，主盘民警左手按压尾厢盖（货车查看后货箱），确认尾厢是否锁好；戒备民警戒备车厢内的警况。

6. 推进到左后车门后侧，主盘民警站位于车后侧门的侧后方位置左手按压在后侧车门和顶梁交界处，采取向前探望的姿势，观察车内人员情况，确认后座是否有人、后车门是否锁好；戒备民警观察驾驶员与副驾驶员的反应。

科目三　后排座位有人查控技战术

适用警情：

嫌疑车辆后排座位有罪犯、戒毒人员或嫌疑人等执法对象，危险级别较高。

技战术要领：

1. 确认后备箱安全后，主盘民警继续推进，在驾驶员后侧门的侧后方位置停止，左手按压门框和门顶端连接处，观察车内警情。

警情诱导：后排座位有人，发现座位有凶器。

2. 主盘民警左手手势警告戒备民警，戒备民警持枪平肩戒备震慑。

3. 主盘民警取枪低姿戒备，用左手敲击玻璃，并进行语言控制："我们是某某单位民警，现依法盘查，把所有窗户玻璃摇下来，否则后果自负！"

4. 执法对象服从指令，把所有窗户打开。主盘民警进行语言控制："所有人把手放在车外，十指分开。"

5. 主盘民警："驾驶员把车熄火，用左手把钥匙拔下来，慢慢伸出窗外，举高放到车顶。"

6. 主盘民警："驾驶员用左手把车门从外打开，右腿下车。"

7. 主盘民警："左腿再下车，双手举高，十指分开，慢慢转一圈。"

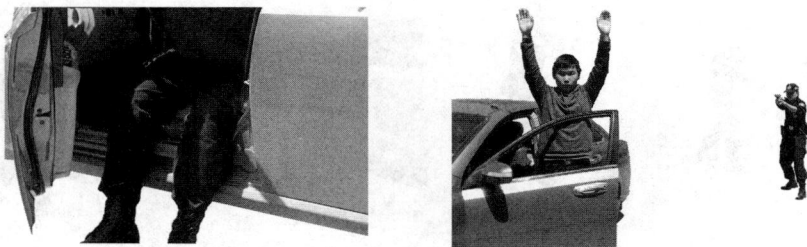

8. 主盘民警战术站位移动，主盘民警语言控制执法对象到安全区受检；戒

备民警保持对车内情况的监控。车内其余人员，逐个下车，进入安全区，控制一个后，再让下一个下车。

科目四　后排座位无人查控技战术

适用警情：

嫌疑车辆后排座位无人，驾驶员危险等级较高。

技战术要领：

1. 主盘民警战术接近驾驶员一侧车门稍后一点的位置侧后停下，观察后排座，确认后排无人，战术暗语警告戒备民警。

2. 主盘民警左手放在车框与门的连接处，初步确认驾驶员的警况。

3. 主盘民警用左手敲击玻璃，语言控制："我们是××单位民警，把窗户玻璃摇下来！"

4. 主盘民警用左手按住门与车竖梁的连接处，防止执法对象突然开门；戒备民警提高戒备意识。主盘民警语言控制："把窗户玻璃全部摇下来！否则后果自负！"

警情诱导一：执法对象窗户只开了一半。

5. 主盘民警："车熄火！"

6. 主盘民警："左手取下车钥匙，放在车挡风玻璃前，双手放在方向盘上，头低下！"

7. 主盘民警拿过钥匙，战术站位在车辆左侧前，语言控制："用左手取出证件，慢慢伸出来！"

警情诱导二：执法对象需要进一步盘查。

8. 按照科目三技战术命令驾驶人下车。

9. 主盘民警进行语言控制："双手抱头，慢慢下车，双手举高，十指分开，慢慢转一圈！"

10. 利用车身站立式有依托搜身。主盘民警语言控制："把后车门打开，面向车，双手放在门框上，两腿后撤，两腿分开，头向左看！"

警情诱导三：搜出违禁物品。

科目五　　车辆后备箱查控技战术

适用警情：

嫌疑车辆已被有效控制，罪犯、戒毒人员或嫌疑人等执法对象被有效控制在安全区，通过盘查、搜身，需对车辆进一步检查。

技战术要领：

1. 控制车辆。执法对象被搜身完毕，并分别有效控制在安全区。主盘民警语言控制："慢慢站起来，往后备箱走，不要有其他的动作，否则后果自负！"命令执法对象移动到车后备箱。戒备民警在搭手戒备的基础上，用左手把车钥匙给执法对象。

2. 主盘民警左手按在后备箱门与车框连接处，控制后备箱开门的速度，语言控制："慢慢把后备箱打开！"

警情诱导：执法对象在戒备民警的语言控制下回到安全区。

3. 打开后，主盘民警左手控制后备箱门，语言控制执法对象："回到安全区！"

4. 戒备民警语言控制："双手抱头蹲下！"执法对象被有效控制后，主盘民警检查车辆。

5. 主盘民警枪口对准后备箱，慢慢打开门，侧姿低身观察，威胁解除后，检查车辆。

科目六　　高危车辆查控技战术

适用警情：

嫌疑车辆被成功截停，民警在相对安全的距离和位置有效站位，枪械控制嫌疑车辆。

技战术要领：

1. 截停心理震慑控制。通过利用地形、地物或者设置路障、提示牌等方式截停嫌疑车辆。主盘民警充分利用掩体远距离喊话："你们已经被控制，不要妄图反抗，否则开枪！"

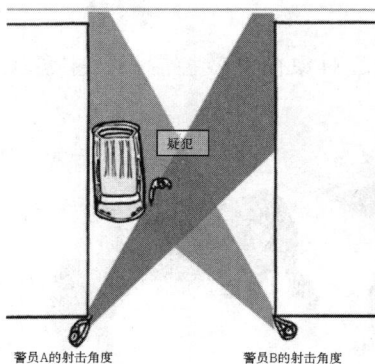

警员A的射击角度　　　　警员B的射击角度

2. 控制。

（1）主盘民警喊话："车辆停车熄火，所有车窗摇下，拉手刹，所有相邻窗户的人双手伸出窗外，不相邻的双手抱头，伸出窗外的五指张开，手心向上！"

（2）主盘民警喊话："驾驶员右手抱头，左手拔下车钥匙放置车顶，车内人员未经允许不准下车，否则开枪！"

（3）主盘民警喊话："驾驶员用左手从外侧打开车门，用左手把门推开，其他人员不准有任何动作！"

（4）主盘民警喊话："双手高举，迈出右腿，慢慢下车，然后左腿下车，双手举高，手掌向前，十指分开，慢慢转身背向警方！"

（5）将执法对象引导至安全冻结区，再次检查。

（6）将执法对象引导至安全区有效盘查。

（7）车内其余人员，逐个下车，控制一个后，再让下一个下车。

（8）其他民警按照部署监视和控制人员、车辆及整个现场。

适用警情：

罪犯、戒毒人员或嫌疑人等执法对象服从民警的控制，进入到冻结区和安全控制区。

技战术要领：

1. 驾驶员控制。

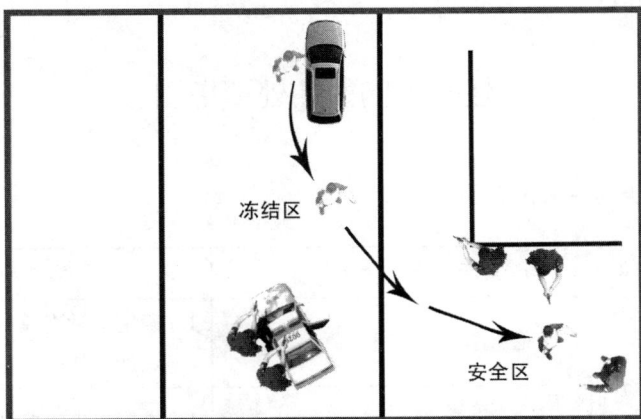

（1）主盘民警语言控制："保持高举双手，慢慢向前走！"执法对象被引导至冻结区，主盘民警："停！"

（2）主盘民警语言控制："保持高举双手，旋转一圈，将外套慢慢脱掉！"

（3）主盘民警喊话："保持高举双手，慢慢向前走！"执法对象被引导至安全区。

（4）主盘民警："双手抱头，跪下，趴下成俯卧，头向左看！"：

（5）对执法对象俯卧式搜身。

（6）初步盘问。

2. 其余人员控制。依次指挥副驾驶、后排人员按照驾驶员的技战术要领下车至指定地点，实施控制。

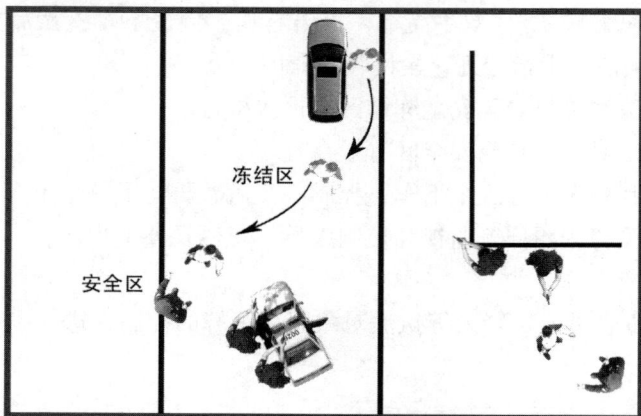

警情处置

任务十的警情处置指引

一、分析研判——应急预案制定

执法程序		案情分析	案情判定
确定对象		罪犯意图混车脱逃。	1. 确定车辆查控对象； 2. 从严、从快、从重处理。
形势评估	基本情况	执勤民警对车辆进行安检时，发现车辆有重大嫌疑，通过车底成像系统确认发现一名罪犯藏匿车底意图混车脱逃。	1. 求援报告、控制局势； 2. 集合清点； 3. 大声训斥警告； 4. 武力控制、搜身； 5. 适时移交处置； 6. 隔离审查。

续表

执法程序	案情分析			案情判定
	分析研判	罪犯	藏匿车底，欲混车脱逃。	1. 潜在风险高，提升安全意识，保持戒备距离； 2. 求援报告。
		执勤民警	执勤民警，携带单警装备。	提升警力、武力优势。
		执法环境	监狱大门位置。	无其它人员干扰，有可利用掩体，适合控制。
应急预案	预案一		罪犯被发现后，服从民警控制。	1. 求援报告、控制局势； 2. 集合清点； 3. 大声训斥警告； 4. 警械控制、搜身； 5. 适时移交处置； 6. 隔离审查。
	预案二		罪犯被发现后，特警队、罪犯所在监区管教民警、谈话攻心专家的处置无效，罪犯和民警对峙。	1. 求援报告、控制局势； 2. 集合清点； 3. 大声训斥警告； 4. 罪犯所在监区管教民警、谈话攻心专家谈判； 5. 支援民警警械控制、搜身； 6. 适时移交处置； 7. 隔离审查； 8. 封控保护，保全证据。

续表

执法程序	案情分析	案情判定
预案三	罪犯持器械对抗袭警，并劫持人质。	1. 求援报告、控制局势； 2. 集合清点； 3. 大声训斥警告； 4. 罪犯所在监区管教民警、谈话攻心专家谈判； 5. 支援民警及驻狱武警示警控制、搜身； 6. 适时移交处置； 7. 隔离审查。 8. 封控保护，保全证据。

二、预案实施

1. 执勤民警不惊动罪犯，进入值班室关闭隔离门并报告指挥中心。

2. 狱内戒严，人数清点。

警情诱导一：确定罪犯少人。

3. 罪犯所在监区管教民警、谈话攻心专家赶赴现场进行处置。

警情诱导二：经过帮扶、教育和震慑，罪犯服从控制。

4. 车辆控制。

5. 人车分离。

罪犯离开车辆，到达指定安全区域。

6. 支援民警控制、战术搜身。

7. 人员交接押解带离。

8. 清除场地，恢复秩序，做好宣传引导工作。

9. 对事发现场进行有效保护，保全证据，上报指挥中心。

任务十一　罪犯脱逃车辆查控的警情处置

一、模拟警情

某夏天雷雨天气，在押罪犯脱逃，监狱民警协同相关部门在重点路口对过往车辆设点检查。23 时左右，一辆由东向西行驶的轿车接近卡点的时候突然减速、停止，并打算调头。

警情诱导：查控脱逃罪犯，不服从控制，民警武力控制押解带离。

二、警情拓展

拓展任务十一：对酒驾车辆的警情查控。

模拟警情：11 月 23 日晚，某市交警大队快反骑警中队出动 20 名警力，在重点路口针对酒驾等交通违法行为设点检查。21 时左右，一辆由东向西行驶的轿车接近卡点的时候突然减速、调头。

警情诱导：司机面对民警的处罚，不服从，肢体袭击民警。

警务理论

科目一　警情处置的法律依据

一、任务十一执法依据

《中华人民共和国人民警察法》

第 6 条第 3 项（参照任务三）

第九条　为维护社会治安秩序，公安机关的人民警察对有违法犯罪嫌疑的人员，经出示相应证件，可以当场盘问、检查；经盘问、检查，有下列情形之一的，可以将其带至公安机关，经该公安机关批准，对其继续盘问：

……

（二）有现场作案嫌疑的；

……

《中华人民共和国监狱法》

第 39 条（参照任务一）

第 45 条第 1 款第 2、4 项（参照任务一）

《山东监狱狱政管理工作标准》

注：本部分内容属内部资料，仅限监狱机关内部使用，具备身份者自行查阅。

第十四章　警械使用管理

第一节　配备及管理要求

第一条　配备标准（参照任务一）

第二条　单警装备配备佩戴要求

值班民警应当按照下列规定配带单警装备（参照任务一）

第二节　警械使用

第一条　警棍、催泪喷射器

值班民警遇有下列情形之一，经警告无效的，可以当场使用警棍、催泪喷射器：

（四）、（五）、（六）、（七）

第四条　手铐、脚镣

值班民警遇有下列情形之一的，可以使用手铐、脚镣：

（二）、（三）

第五条　执法记录仪

开展下列现场执法活动，值班民警应当使用视音频执法记录仪进行全程不间断记录（参照任务一）

《监狱执法手册》

注：本部分内容属内部资料，仅限监狱机关内部使用，具备身份者自行查阅。

第十八章　枪支与戒具管理

第一条　警棍

警察在执勤过程中，遇有下列情形之一，经警告无效，可以使用警棍：

（一）、（四）

第二条　手铐脚镣

警察在执勤过程中，遇有下列情形之一的，可以使用手铐、脚镣：

（一）、（二）、（三）、（四）

《中华人民共和国人民警察使用警械和武器条例》

第2、3、4、6条（参照任务五）

第七条　人民警察遇有下列情形之一，经警告无效的，可以使用警棍、催泪弹、高压水枪、特种防暴枪等驱逐性、制服性警械：

……

（四）强行冲越人民警察为履行职责设置的警戒线的；

……

（六）袭击人民警察的；

……

（八）法律、行政法规规定可以使用警械的其他情形。

二、拓展任务十一执法依据

《城市人民警察巡逻规定》

第四条　第7款（参照任务三）

第五条　人民警察在巡逻执勤中依法行使以下权力：

（一）盘查有违法犯罪嫌疑的人员，检查涉嫌车辆、物品；

……

（四）纠正违反道路交通管理的行为；

……

科目二　车辆查控

一、车辆查控的概念

民警为发现犯罪嫌疑线索、获取证据、查明案件、缉捕犯罪嫌疑人，依法对罪犯、戒毒人员或嫌疑人等执法对象及其驾乘的车辆进行追缉、拦截、盘查、清查等查控行动所运用的技战术。

二、适用条件

1. 罪犯、戒毒人员或嫌疑人等执法对象使用的机动车辆。

（1）执法对象驾驶、乘坐或劫持车辆潜逃，车型、颜色、牌照号码等特征可供识别的。

（2）执法对象的行动路线、活动范围等有比较明显的暴露，如作案现场留有车辆痕迹，能判明其乘车辆逃逸方向和路线可供查控截获的。

（3）车辆有走私、贩毒或贩运违禁物品嫌疑的。

（4）接到上级或友邻地公安机关查控嫌疑车辆指令或协查通报的。

2. 执法对象盗窃或抢劫的机动车辆。

3. 疑点车辆。

三、车辆查控的特点

1. 观察的间接性。车辆的内部空间相对封闭，大部分车窗都会有贴膜，民警难以第一时间观察清楚车内情况。

2. 潜在的危险性。车内人员是否会袭警以及袭警的物理等级难以确定。

3. 较强机动性。车辆行驶具有很强的机动灵活性。

四、车辆查控的原则

1. 危险"加一"评估原则。

2. 战术运用和运用法律政策攻心原则。

五、车辆查控的要求

1. 先控后查。

2. 人车分离。

3. 先查人后查车。

4. 区别对待。对一般违章车辆与严重暴力犯罪嫌疑车辆实施不同行动方案。

科目三 卡点车辆查控的基本程序

一、查控准备

1. 警械、武器、装备的准备。

2. 明确分工，协同一致。

（1）主盘民警主要负责对罪犯、戒毒人员或嫌疑人等执法对象的盘问和检查，以及对车辆的检查。

（2）戒备民警主要负责对主盘民警的保护以及周围环境的戒备观察。

3. 卡点的选择和设置。卡点选择在视野开阔、便于拦截检查和展开警力的地点，并尽量避开人群、居民稠密区、密林地、易燃易爆和剧毒化学物品仓库以及其他复杂地段和场所，通常选择在能使车辆自然减速的路段，如弯道处、上坡道、收费站、检查站等。

如果路况的条件不具备，可以人为设置障碍，以达到减速的目的。

二、查控实施

1. 观察和确认。观察驾车人或乘车人面对民警有无神色慌张、表现反常；车内是否有违禁品等确认嫌疑车辆。

2. 截停车辆。指民警通过定点检测盘查、接到警情或受指挥中心指令等途径，对车辆实施查控所采用的手段和方法。主要分为由前截停和由后截停两种形式。

（1）由前截停。

警情诱导一：设卡截停，指在适宜设卡的路段设置检查卡，通常设置观察点、盘差点、阻截点 3 个卡点，由卡点的民警在截停点（路段）设置明显警示标志或手势示意行驶的车辆停车，引导该车进入检查区接受检查。

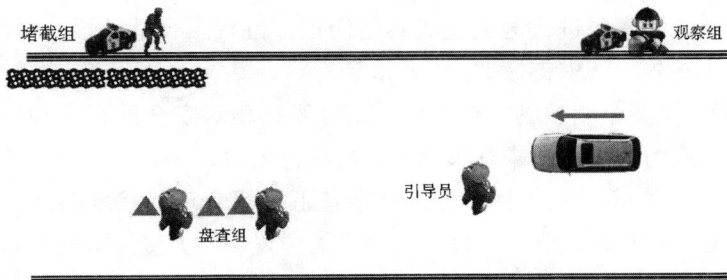

警情诱导二：警车靠右侧顺行停靠，严禁紧贴路边，引导员民警在车左前方，不要太靠近路中央站位，高度戒备的同时向嫌疑车辆喊话并示意；戒备民警负责对进入卡位嫌疑车辆的戒备；各卡点之间保持联系，并设有游动巡视、支援的接应民警。

（2）由后截停。警车对前面停靠或行驶嫌疑车辆拦截检查。

战术要领：

警车加速行驶到嫌疑车辆左侧示意停车接受检查，车停在距离嫌疑车辆后约5~10米处，车头偏向左侧，车辆的2/3部分露在嫌疑车辆左外侧。便于观察前方车辆，又能利用警车作为掩护。

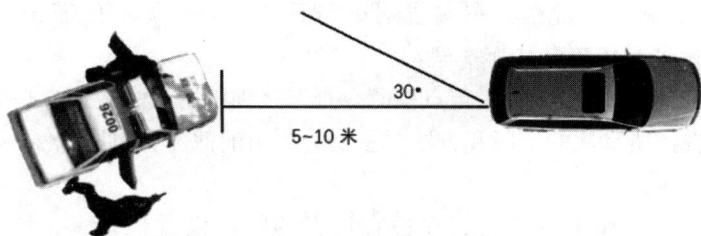

（3）截停嫌疑人驾车闯卡处理。被检查人如驾车闯卡，应当立即采取措施迫使其停车，或开车尾随追击；闯卡车辆行至人多或车流量较大的地段时，应当与之拉开距离、秘密跟进，避免造成其他伤亡，待行至合适地段，再予以堵截，并及时向上级报告，请求支援。

3. 控制。嫌疑车辆被成功截停后，民警要在相对安全的距离和位置上采用语言、徒手、武力等手段对嫌疑车辆和人员进行控制。

4. 接近。车辆截停后，民警在高度戒备下采用合理的战术路线和行动区域接近车辆。对一般车辆截查，可以从驾驶员的位置侧前方接近可疑车辆。

5. 测量盘查。

（1）测量盘问。盘问的民警采取侧身站立的姿势，保持适当距离，面对被查人员，强势手搭枪戒备，有情况可随时后撤并举枪控制。

（2）证件检查。对驾驶员的有关证件（驾驶证、行驶证）进行查验，用弱势手接证件，强势手搭枪戒备，有情况可随时后撤并举枪控制。

三、查控善后

1. 经盘查发现有嫌疑的，应立即对执法对象予以控制，采取一定措施。

2. 当盘查后没有发现问题的，礼貌放行。

3. 做好查控登记工作，清点武器、装备、人员后，有序撤离现场。

警务技战术实战训练

科目一　证件检查技战术

适用警情：

确认车内人员危险等级不高，警力优势明显，嫌疑车辆已被有效控制，罪犯、戒毒人员或嫌疑人等执法对象服从控制。

技战术要领：

1. 战术站位。嫌疑车辆截停后，主盘民警站位于嫌疑车辆左前侧，以能够充分观察驾驶员、驾驶员后排和副驾驶员为宜，戒备民警戒备于车辆左后侧，以能够充分观察驾驶员后排、副驾驶员和副驾驶员后排为宜。

2. 语言控制。主盘民警："用弱势手慢慢掏取证件，并由车窗递出。"

3. 接取证件。

（1）主盘民警用弱势手在车窗外接取证件，强势手扶枪戒备，有情况随时后撤并举枪控制执法对象。

（2）主盘民警用弱势手接取证件，查验证件时，应始终观察驾驶员的双手。

科目二　卡点车辆查控技战术

适用警情：

嫌疑车辆按照要求缓慢进入盘查点，嫌疑车辆存在潜在危险。

技战术要领：

通过引导指示标志引导嫌疑车辆按要求进入盘查点。

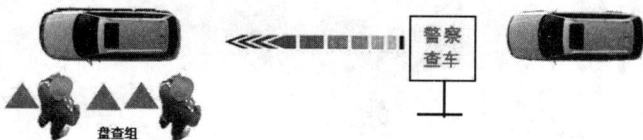

一、战术站位与观察确认

1. 车辆接近时，主盘民警战术站位，确认驾驶位置和副驾驶位置执法对象的危险等级。

2. 戒备民警位于驾驶员同侧的后门，观察后排座位执法对象和副驾驶人员的危险等级。

二、接近

主盘民警和戒备民警通过手势暗语，确认安全后，主盘民警站位于驾驶员车门左前侧。

三、盘查

四、后期处理

1. 经盘查发现有嫌疑的，应立即对执法对象予以控制，采取一定措施。

2. 当盘查后没有发现问题的，礼貌放行。

3. 做好查控登记工作，清点武器、装备、人员后，有序撤离现场。

科目三　伸缩警棍三角锁控制技战术

适用警情：

车辆已经熄火，民警命令罪犯、戒毒人员或嫌疑人等执法对象下车接受检查。执法对象不服从，双手抓住方向盘，并用脚踹击接近的民警。

技战术要领：

1. 民警下开棍右手持棍，语言控制执法对象。

停止违法行为！否则使用
伸缩警棍！

2. 执法对象左腿踹击的瞬间，民警右手持棍由脚跟下向上反锁执法对象小腿胫骨。

3. 重心后移，民警左手抓握伸缩警棍约中端，反锁执法对象脚踝。

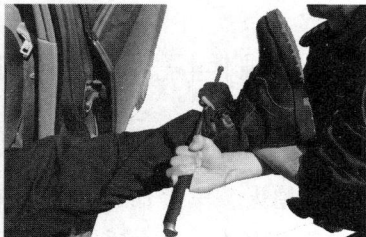

4. 反锁紧后，重心后移，斜向下拉执法对象。

5. 执法对象被拉下车后，向左后旋压执法对象，迫使执法对象成俯地状。

6. 主盘民警右膝跪压执法对象右小腿胫骨内侧活动机能神经中心，双手合力锁压控执法对象左腿。

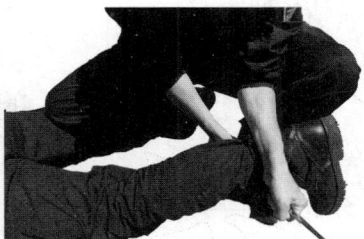

7. 戒备民警右腿跪压执法对象颈部，右手按压执法对象肩胛骨，左手控制头部，并进行语言控制。

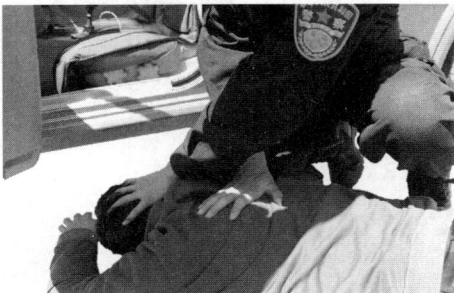

停止反抗!否则武力控制!

8. 主盘民警锁压的同时，提拉执法对象左腿，戒备民警跪姿取铐、上铐。

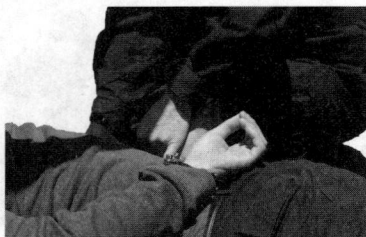

9. 背手上铐折肩压颈押解带离。

警情处置

任务十一的警情处置指引

一、分析研判——应急预案制定

执法程序	案情分析	案情判定
确定对象	在押罪犯脱逃。	1. 确定车辆查控对象。 2. 从严、从快、从重处理。

续表

执法程序		案情分析		案情判定
形势评估	基本情况	在押罪犯脱逃，卡点查控，轿车接近卡点时突然减速，停车，并欲打算调头。		1. 卡点设置； 2. 战术控制； 3. 搜身； 4. 适时移交处置； 5. 隔离审查。
	分析研判	嫌疑车辆	具备故意逃避检查的特征。	1. 潜在风险较高，提升安全意识，保持戒备距离； 2. 按照预案实施。
		执法警员	定点盘查，准备充分。	有警力、武力优势。
		执法环境	卡点布控。	符合查控条件。
应急预案	预案一	车辆被截停后，罪犯迫于武力服从民警控制。		1. 车辆截停； 2. 语言控制； 3. 控制人员； 4. 控制车辆、车辆检查； 5. 搜身、押解带离； 5. 适时移交处置； 6. 隔离审查。
	预案二	车辆被截停后，罪犯消极对抗。		1. 车辆截停； 2. 语言控制； 3. 示警； 4. 武力控制人员； 4. 控制车辆、车辆检查； 5. 搜身、押解带离； 5. 适时移交处置； 6. 隔离审查。
	预案三	车辆被截停后，罪犯采用自杀等威胁手段负隅顽抗。		参照任务五预案处置。

二、预案实施

1. 设置卡点。

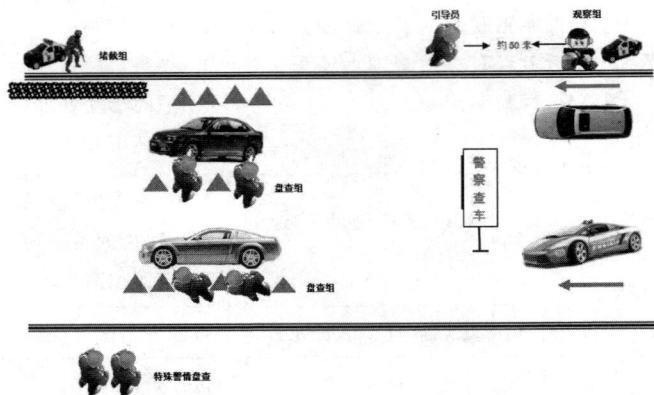

2. 任务分工。

3. 引导车辆进入盘查区。引导员用警用手电提醒嫌疑车辆正常行驶，同时观察点民警开警灯、喊话器："×××车辆严禁违反交通规则，正常行驶。"

警情诱导一：嫌疑车辆正常行驶进入盘查。

4. 戒备。盘查点、阻截点民警提高戒备级别。

5. 战术站位检查。主盘民警战术站位："你好，我们在执行公务，请车熄火，钥匙拔出来，拉手刹，下车。"

警情诱导二：驾驶员不配合。

6. 警告。主盘民警："请配合，否则武力控制。"

警情诱导三：执法对象神情不自然。

7. 战术控制。

战术要领：

（1）引导民警将该车道车辆往相邻车道分流。

（2）戒备民警将警情通知阻截民警、并搭枪戒备。

（3）主盘民警："把车熄火，钥匙拔出来，拉手刹，钥匙用左手放到车顶上。"

警情诱导四：嫌疑人配合。

（4）戒备民警控制钥匙，主盘民警："用左手从外把门打开，下车!"

警情诱导五：嫌疑人情绪突然失控，嫌疑人坐在车内抓住方向盘不松手，并脚踹接近民警。

11. 伸缩警棍武力控制。

12. 查控后的处理。

（1）戒备民警将嫌疑人的车开到盘查点。

（2）引导民警疏导车辆正常行驶。

（3）控制、战术搜身。

13. 人员交接押解带离。

14. 清除场地，恢复秩序，做好宣传引导工作。

15. 对事发现场进行有效保护，保全证据，上报指挥中心。

任务十二　冲击监所的警情处置

一、模拟警情

某日上午 8 时许，刑满释放人员甲以劳动期间患病未得到有效治愈为由，与其家属提出"天价"无理赔偿方案遭拒。14 时 30 分，甲酒后纠结三十几个社会闲散人员逐渐向监狱行政大门靠拢，在门卫警告后仍然继续靠近大门，两三个人硬闯进入行政大院，其余人企图硬闯，门卫立即采取措施，并向监狱指挥中心报警，指挥中心启动应急预案，监狱、武警、驻地公安迅速联动，对企图冲击大门人员进行处置。

警情诱导：闹事人群不听从民警劝告，持续冲撞监狱行政大门。

二、警情拓展

拓展任务十二：对围堵医院的警情处置。

模拟警情：110 接警，某日上午约 7 时 40 分，因医患纠纷，约 10 人在某医院行政大楼、门诊大楼大吵大闹并放置花圈，在医院大门口放置棺材，秩序受到影响。

事情的起因：2016 年 5 月 1 日下午 5 时许，在父母带领下一名女孩张某（女，8 岁，已去世）来院就诊。在进行初步诊疗的过程中，病人突然病情恶化，去世。死者自发病、抢救到确认死亡，大约经过了一个半小时。

警情诱导：医院在民警的陪同下协商未果，参加医闹的人员在半小时之内由 10 人左右迅速扩大到 50 余人。

警务理论

科目　警情处置的法律依据

一、任务十二执法依据

《中华人民共和国人民警察法》

第六条　公安机关的人民警察按照职责分工，依法履行下列职责：

（一）预防、制止和侦查违法犯罪活动；

（二）维护社会治安秩序，制止危害社会治安秩序的行为；

……

（八）管理集会、游行、示威活动；

……

（十三）指导和监督国家机关、社会团体、企业事业组织和重点建设工程的治安保卫工作，指导治安保卫委员会等群众性组织的治安防范工作；

第八条　公安机关的人民警察对严重危害社会治安秩序或者威胁公共安全的人员，可以强行带离现场、依法予以拘留或者采取法律规定的其他措施。

第十七条　县级以上人民政府公安机关，经上级公安机关和同级人民政府批准，对严重危害社会治安秩序的突发事件，可以根据情况实行现场管制。

公安机关的人民警察依照前款规定，可以采取必要手段强行驱散，并对拒不服从的人员强行带离现场或者立即予以拘留。

《中华人民共和国监狱法》

第四十三条　监狱根据监管需要，设立警戒设施。监狱周围设警戒隔离带，未经准许，任何人不得进入。

第四十四条　监区、作业区周围的机关、团体、企业事业单位和基层组织，应当协助监狱做好安全警戒工作。

《山东监狱狱政管理工作标准》

注：本部分内容属内部资料，仅限监狱机关内部使用，具备身份者自行查阅。

第十四章　警械使用管理

第一节　配备及管理要求

第一条　配备标准（参照任务一）

第二条　单警装备配备佩戴要求

值班民警应当按照下列规定配带单警装备（参照任务一）

第二节　警械使用

第一条　警棍、催泪喷射器

值班民警遇有下列情形之一，经警告无效的，可以当场使用警棍、催泪喷射器：

（一）、（二）、（（六）、（七）

第四条　手铐、脚镣

值班民警遇有下列情形之一的，可以使用手铐、脚镣：

（二）、（三）

第五条　执法记录仪

开展下列现场执法活动，值班民警应当使用视音频执法记录仪进行全程不间断记录（参照任务一）

《监狱执法手册》

注：本部分内容属内部资料，仅限监狱机关内部使用，具备身份者自行查阅。

第十八章　枪支与戒具管理

第一条　警棍

警察在执勤过程中，遇有下列情形之一，经警告无效，可以使用警棍：

（二）、（四）

第二条　手铐脚镣

警察在执勤过程中，遇有下列情形之一的，可以使用手铐、脚镣：

（二）、（四）

《中华人民共和国人民警察使用警械和武器条例》

第七条　人民警察遇有下列情形之一，经警告无效的，可以使用警棍、催泪弹、高压水枪、特种防暴枪等驱逐性、制服性警械：

……

（三）非法举行集会、游行、示威的；

（四）强行冲越人民警察为履行职责设置的警戒线的；

（五）以暴力方法抗拒或者阻碍人民警察依法履行职责的；

（六）袭击人民警察的；

（七）危害公共安全、社会秩序和公民人身安全的其他行为，需要当场制止的；

（八）法律、行政法规规定可以使用警械的其他情形。

人民警察依照前款规定使用警械，应当以制止违法犯罪行为为限度；当违法犯罪行为得到制止时，应当立即停止使用。

第九条　人民警察判明有下列暴力犯罪行为的紧急情形之一，经警告无效的，可以使用武器：

……

（十）以暴力方法抗拒或者阻碍人民警察依法履行职责或者暴力袭击人民警察，危及人民警察生命安全的；

……

（十五）法律、行政法规规定可以使用武器的其他情形。

人民警察依照前款规定使用武器，来不及警告或者警告后可能导致更为严重危害后果的，可以直接使用武器。

第十一条　人民警察遇有下列情形之一的，应当立即停止使用武器：

（一）犯罪分子停止实施犯罪，服从人民警察命令的；

（二）犯罪分子失去继续实施犯罪能力的。

二、拓展任务十二执法依据

《城市人民警察巡逻规定》

第四条　人民警察在巡逻执勤中履行以下职责：

（一）维护警区内的治安秩序；

……

（四）警戒突发性治安事件现场，疏导群众，维持秩序；

（五）参加处理非法集会、游行、示威活动；

……

《公安机关处置群体性事件规定》

第六条　遇有下列群体性事件，公安机关不得动用警力直接处置，但可派出便装警察或者少量着装警察到现场掌握情况，维持秩序，及时报告现场动态，配合党委、政府和有关主管部门做好矛盾化解工作，并做好随时出警处置的准备。

（一）集会、游行、示威活动发生在校园、单位内部，尚未发生行凶伤人、非法拘禁或者打砸抢烧行为的；

（二）聚众上访尚未发生堵门、堵路、拦截车辆、围攻殴打国家机关工作人员或者其他严重违法行为的；

……

（四）其他人民内部矛盾尚未激化、可以由有关主管部门化解的群体性事件。

第七条　遇有下列群体性事件，公安机关应当根据党委、政府的决定并在其统一领导下，迅速调集警力赶到现场，依法采取措施妥善处置。

……

（四）聚众围堵、冲击党政机关、司法机关、军事机关、重要警卫目标、广播电台、电视台、通讯枢纽、外国驻华使（领）馆以及其他要害部位或者单位，聚众堵塞公共交通枢纽、交通干线、对外开放口岸、破坏公共交通秩序或者非法占据公共场所；

……

第十二条　公安机关处置群体性事件，可以根据现场情况，经现场指挥批准，依法采取下列管制措施：

（一）封闭现场和相关区域；

（二）设置警戒带、隔离设施等，划定警戒区和新闻采访区，隔离围观人员；

（三）实施区域性交通管制；

（四）守护重点目标；

（五）查验现场人员身份证件和随身携带的物品。

第十七条　群体性事件发生后，公安机关应当密切关注互联网和手机短信等信息，及时封堵、删除有害信息，防止现实危害。必要时，应当会同新闻宣传部门拟定消息通稿，适时对外发布。

警务技战术实战训练

科目一 徒手隔离、拦截基本队形技战术

适用警情：

针对一般警情的群体性事件，依据警情，进行合理战术站位。

战术队形：

1. "一"字横队立正戒备徒手隔离、拦截队形。

2. "一"字横队跨立戒备徒手隔离、拦截队形。

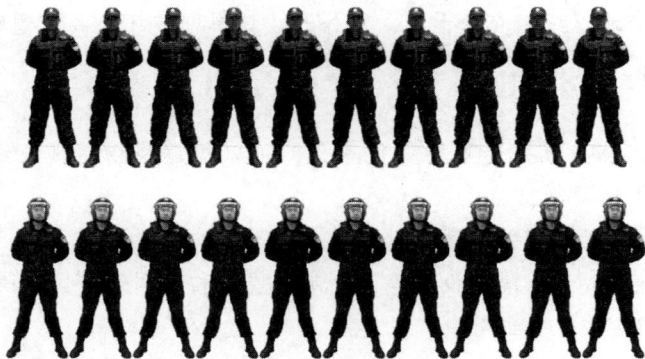

3. "一"字横队搭手戒备徒手隔离、拦截队形。

4. "一"字横队正反搭手戒备徒手隔离、拦截队形。

5. "一"字横队前拉手徒手隔离、拦截队形。

6. "一"字横队后拉手徒手隔离、拦截队形。

7. "一"字横队拉肘扶带徒手隔离、拦截队形。

8. "一"字横队搭肩拉肘徒手隔离、拦截队形。

科目二 盾牌隔离、拦截队形技战术

适用警情：

针对特殊警情的群体性事件，依据警情武力级别的不同，进行战术站位。

战术队形：

1. "一"字横队盾牌戒备隔离、拦截队形。

2. 多排协防盾牌戒备隔离、拦截队形。

3. 前三角穿插隔离、拦截队形。

4. 盾牌墙隔离、拦截队形。

科目三 隔离、拦截队形战术协同

对于未发生暴力冲突的非法集会、游行、上访、围堵单位大门等事件，聚集人群不听从劝告，企图越过警戒线。指挥员根据警情迅速组织警力，变换成有效战术队形，阻止事件扩大。同时要在人群可能前往的路线、重要目标设置纵深（延长拦截面，增加拦截点）拦截警力。

1. 战术变换队形：由后往前插入。

适用警情：

当聚集人群逐渐增多，并向警戒线靠近时，第一排阻挡拦截民警之间距离较大，接应民警战术组迅速从第一排两名民警之间插入，形成"一"字密集队形，依据警情形成有效的隔离、拦截队形。

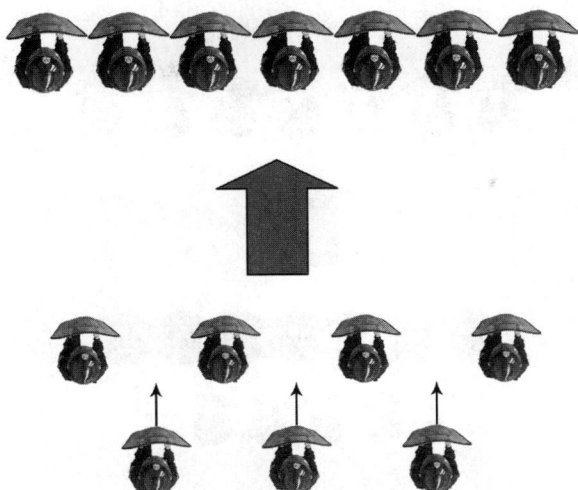

2. 战术变换队形：整排移动穿插。

适用警情：

当聚集人群在隔离、拦截队形范围外聚集、靠近时，支援民警整排（或者分开多个战术小组）支援原有队形的一侧或两侧，依据警情形成有效的隔离、拦截队形。

警情一：

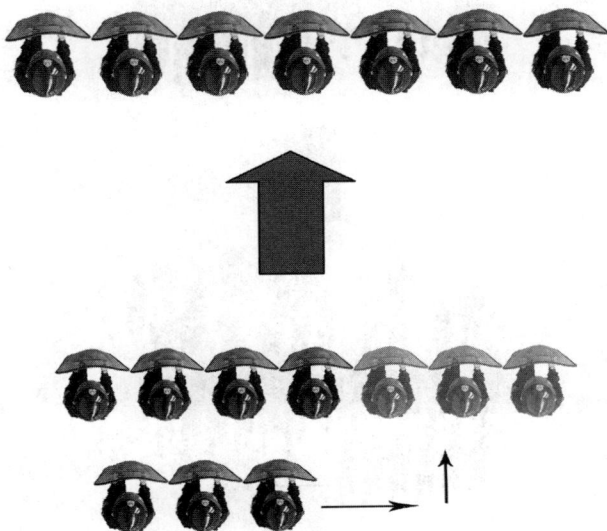

警情二：

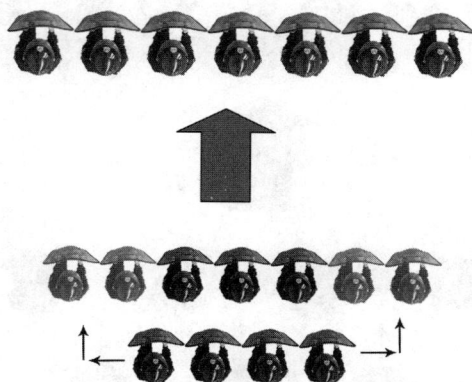

3. 战术变换队形：机动警力迅速支援。

适用警情：

当隔离、拦截队形局部受到较大力量冲击，机动力量快速到达需要支援的部位，形成局部两列横队队形。

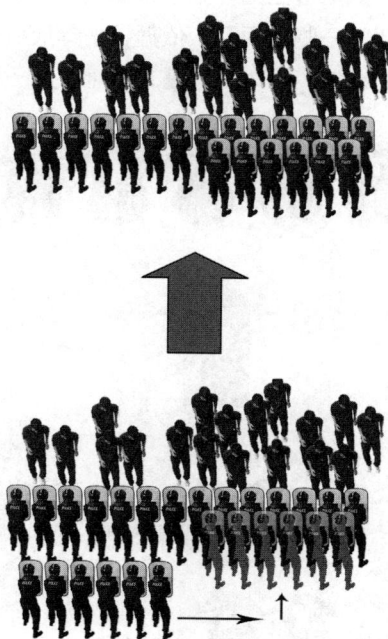

科目四　驱散战术队形技战术

适用警情：

整体驱散，即对久聚不散或堵塞交通要道的聚集人群，依据警情确需要强行驱散的，经警告无效后，依据驱散命令，对人群采用战术队形强行驱散。

战术要领：

1. "一"字形推进驱散。

2. 前弧形推进驱散。

3. 梯形交替推进驱散。

科目五 分割驱散战术队形技战术

适用警情：

在公共开阔的场所，为降低闹事人群的直接对抗力或开辟通道，需要对人群进行分割驱散战术。依据指挥员命令，立即实施战术动作。

战术要领：

1. 半弧包围引导。

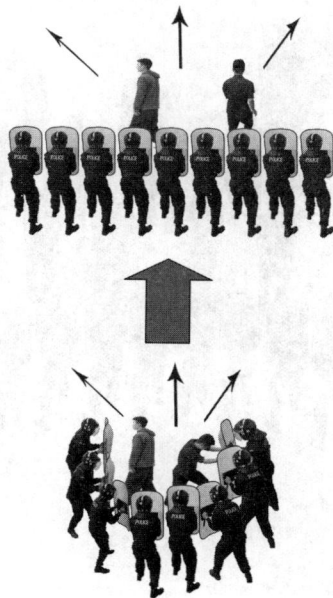

2. 分割疏散插入分割。

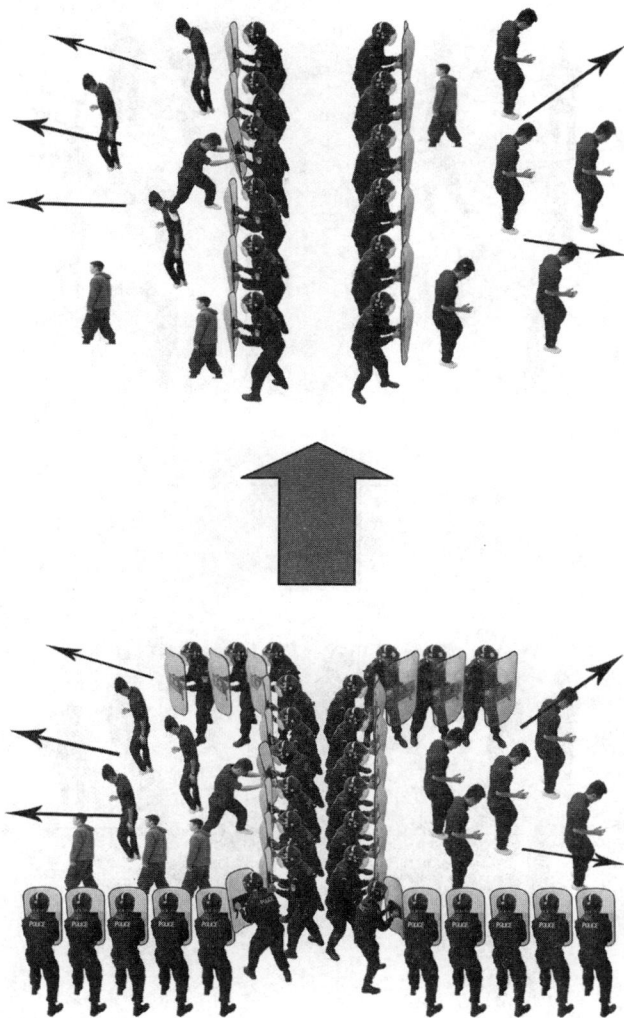

3. 分割疏散箭形分割。

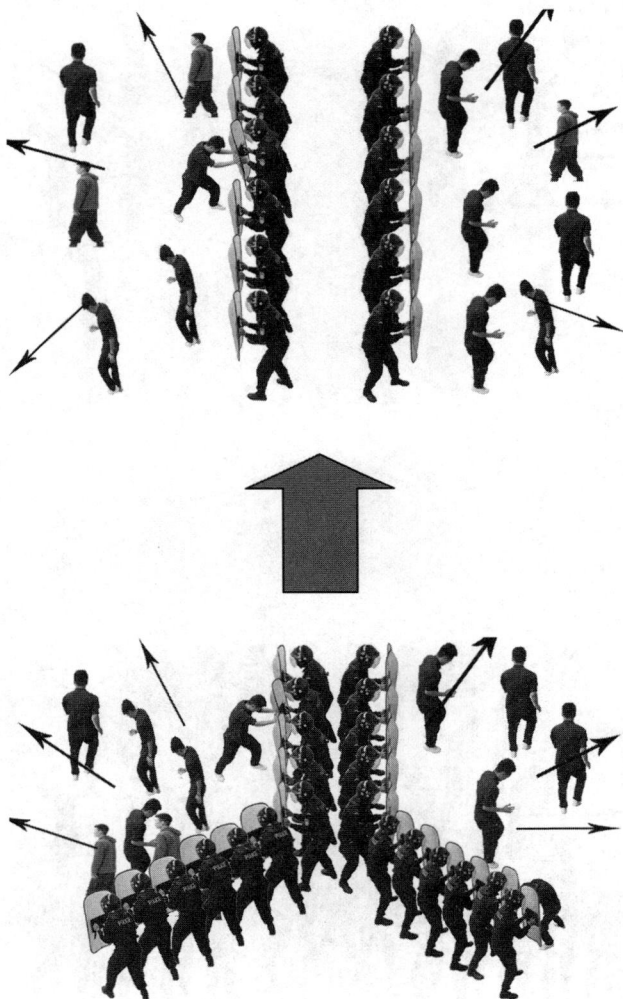

科目六　抓捕带离战术队形技战术

适用警情:

对于煽动事件的骨干力量、实施打砸抢烧行为的人员,在调查取证的前提下,锁定抓捕目标,采用战术对象转换,果断实施抓捕。

战术要领：

1. 三警合围抓捕。

2. "U"形围捕队形。

3. 多警战术队形合围抓捕。

警情处置

任务十二的警情处置指引

一、分析研判——应急预案制定

执法程序	案情分析			案情判定
确定对象	刑满释放人员纠结社会闲散人员硬闯监狱大门。			群体性事件处置。
形势评估	基本情况	社会闲散人员硬闯监狱大门，不服从劝告，造成恶劣社会影响。		1. 打开执法记录仪，及时到达中心现场喝止； 2. 报告指挥中心； 3. 政策宣讲； 4. 控制局势； 5. 谈判。
	分析研判	嫌疑人	人数众多，而且酒后情绪激动。	1. 潜在风险较高，提升安全意识； 2. 冷静观察、判明形势、进行安全评估。
		监狱干警	监区外无警力优势。	1. 调集相关部门的力量； 2. 保持警力、装备优势。
		执法环境	监狱行政大门。	1. 造成不良社会影响； 2. 影响正常办公秩序。

续表

执法程序	案情分析		案情判定
应急预案	预案一	民警抵达现场，闹事人情绪服从民警控制指令、警情可控。	1. 打开执法记录仪； 2. 及时到达中心现场喝止； 3. 政策宣讲、控制局势； 4. 上报求援； 5. 支援民警组成盾牌墙震慑语言控制； 6. 控制事态，民警和聚集人员谈判。
	预案二	民警抵达现场，闹事人情绪不服从民警控制指令、警情不可控。	1. 打开执法记录仪； 2. 及时到达中心现场喝止； 3. 政策宣讲、控制局势； 4. 上报求援； 5. 防爆队形武力分割控制； 6. 三级联动； 7. 控制闹事主干； 8. 人员交接、带离； 9. 闲杂人员强行驱离。

二、预案实施

1. 到达现场，民警呈"一"字横队正反搭手戒备，徒手隔离。

2. 民警和聚闹代表谈判，了解详细情况。

3. 背向民警疏散、分割，将冲撞进入行政大院闹事人员驱散到院外边。

4. 民警呈"一"字横队拉肘扶带徒手隔离、拦截队形，进行拦截，并进行劝阻："根据《中华人民共和国监狱法》第四十三条规定，监狱周围的警戒隔离带，未经允许，任何人不得进入，否则将受到相应惩处。"

警情诱导一：群众逐渐开始围观，闹事人群把控大门，不允许任何人出入。

5. 防爆大队支援，成"一"字横队盾牌拦截队形。

警情诱导二：谈判组进行警告："你们的行为属于违法行为，如果协商不成，可以走司法程序解决。现在你们马上散去，停止违法行为，否则武力清除！"闹事人员不听劝阻，并冲击人墙，强行冲撞。

6. 战术队形协防。

7. 民警呈"一"字形推进驱散闹事人群。

警情诱导三：闹事人群开始往战术队形里扔杂物，发泄不满。

8. 民警呈"一"字密集队形靠拢，盾牌墙隔离。

警情诱导四：闹事人群推搡盾牌，并持棍棒击打。

9. 箭形分割疏散。

10. 多警战术队形合围抓捕。

11. 清除场地，恢复秩序，做好宣传引导工作。

12. 对事发现场进行有效保护，保全证据，上报指挥中心。

情境六　群体性事件的应急处置

任务十三　罪犯群殴事件的警情控制

一、模拟警情

某周一早晨 9 点 30 分，劳动车间外罪犯放风期间，A 籍罪犯甲因为琐事与 F 籍罪犯乙发生争吵，A 籍罪犯丙上前帮助罪犯甲，罪犯乙将罪犯丙打伤，随即引发 A 籍罪犯和 F 籍罪犯参与的群体斗殴。

警情诱导：监区执勤民警第一时间向监所应急指挥中心报告，并依法制止，通过武力震慑、语言引导，劝阻等合法手段控制事态。通过政策攻心，打架人员被控制，但是罪犯甲情绪异常亢奋，手持器械拒不服从控制。

二、警情拓展

拓展任务十三：对抢夺物品嫌疑人的警情缉捕。

模拟警情：某市闹市区下午 3 点，民警巡逻时听到一名女性喊"有人抢包了……"民警迅速赶往现场，发现一名嫌疑人抢夺一名女性的挎包，嫌疑人发现民警后迅速逃跑。

警情诱导一：追到一死胡同，战术站位后，嫌疑人拿出钱来贿赂民警，祈求民警放他一马。民警警告后，嫌疑人发疯似地夺路而逃。

警情诱导二：嫌疑人不听从民警警告，挥胳膊袭击民警，欲夺路而逃。

警务理论

科目一   警情处置的法律依据

一、任务十三执法依据

《中华人民共和国人民警察法》

第 6 条第 1 项、第 2 项；第 7 条。（参照任务三）

第八条   公安机关的人民警察对严重危害社会治安秩序或者威胁公共安全的人员，可以强行带离现场、依法予以拘留或者采取法律规定的其他措施。

第十一条   为制止严重违法犯罪活动的需要，公安机关的人民警察依照国家有关规定可以使用警械。

第十四条   公安机关的人民警察对严重危害公共安全或者他人人身安全的精神病人，可以采取保护性约束措施。需要送往指定的单位、场所加以监护的，应当报请县级以上人民政府公安机关批准，并及时通知其监护人。

《中华人民共和国监狱法》

第 39 条（参照任务一）

第 45 条第 1 款第 2、3、4 项（参照任务二）

第 46 条第 1 款第 2、3 项（参照任务二）

《山东监狱狱政管理工作标准》

注：本部分内容属内部资料，仅限监狱机关内部使用，具备身份者自行查阅。

第十四章   警械使用管理

第一节   配备及管理要求

第一条配备标准（参照任务一）

第二条   单警装备配备佩戴要求

值班民警应当按照下列规定配带单警装备（参照任务一）

第二节   警械使用

第一条   警棍、催泪喷射器

值班民警遇有下列情形之一，经警告无效的，可以当场使用警棍、催泪喷射器：

(一)、(二)、(五)、(六)、(七)

第四条　手铐、脚镣

值班民警遇有下列情形之一的，可以使用手铐、脚镣：

(二)、(三)

第五条　执法记录仪

开展下列现场执法活动，值班民警应当使用视音频执法记录仪进行全程不间断记录（参照任务一）

《监狱执法手册》

注：本部分内容属内部资料，仅限监狱机关内部使用，具备身份者自行查阅。

第十八章　枪支与戒具管理

第一条　警棍

警察在执勤过程中，遇有下列情形之一，经警告无效，可以使用警棍：

(二)、(四)

第二条　手铐脚镣

警察在执勤过程中，遇有下列情形之一的，可以使用手铐、脚镣：

(二)、(四)

二、拓展任务十三执法依据

《城市人民警察巡逻规定》

第四条　人民警察在巡逻执勤中履行以下职责：

……

(十一) 制止精神病人、醉酒人的肇事行为；

……

第五条　人民警察在巡逻执勤中依法行使以下权力：

……

(五) 对违反治安管理的人，可以依照《中华人民共和国治安管理处罚条例》的规定，执行处罚；

……

科目二　罪犯群殴事件概念

罪犯群殴事件是指罪犯在狱内服刑过程中，出现三名及以上罪犯参与打架斗殴的行为。

警务技战术实战训练

科目　盾牌控制站姿嫌疑人技战术

适用警情：

罪犯、戒毒人员或嫌疑人等执法对象手持砍刀等暴力工具，不服从民警控制，背后有依托物。

技战术要领：

1. 4名民警成抓捕战术队形推进。劝告、谈判无效后，3名民警持防暴盾牌呈弧形战术队形；主控民警搭枪戒备，战术站位于持盾民警身后。4名民警战术队形推进，主盘民警进行语言控制："放下凶器，否则对你武力控制！"

警情诱导：执法对象不服从语言控制。

2. 持盾民警战术推进，把执法对象往墙边逼。临近墙边时，战术推进转换队形成"U"形内缩合围，给执法对象造成心理压力，迫使执法对象进攻。执法对象进攻时，防暴民警持盾上格挡，破坏执法对象的重心。

3. 被袭击民警主动应击执法对象，同时推击执法对象侧面，迫使执法对象转身；相邻民警平推执法对象腰部，迫使执法对象背转身；中间民警从执法对象身后前推腰部，合力将执法对象压控在墙上。执法对象左侧民警斜持盾牌控制执法对象左手，同时协助中间民警控制其身体；右侧民警控制其右臂的同时，控制砍刀。

4. 主控民警进行语言控制："放下砍刀，否则后果自负！"执法对象右手侧民警用盾牌右侧边砍击执法对象右手腕，迫使砍刀落地；主控民警控制刀后取铐。

5. 在戒备民警的协助下，背手上铐，折肩压颈控制。

📖 **警情处置**

任务十三的警情处置指引

一、分析研判——应急预案制定

执法程序	案情分析			案情判定
确定对象	狱内群殴事件，罪犯甲持械拒不服从控制。			控制现场，控制罪犯甲。
形势评估	基本情况	狱内群殴事件，有人受伤，罪犯甲持械拒不服从控制。		1. 打开执法记录仪，及时到达中心现场喝止； 2. 报告指挥中心； 3. 无关罪犯隔离； 4. 稳步进入中心现场； 5. 重点人员控制、搜身、带离。
	分析研判	罪犯甲	异常亢奋，持械。	1. 潜在风险高，提升安全意识，增强戒备理念； 2. 战术性控制带离。
		监区民警	多警，携带单警装备。	1. 提升装备优势； 2. 提升警力优势。
		执法环境	罪犯放风室外场地。	1. 容易引起围观； 2. 形成踩踏。

续表

执法程序	案情分析		案情判定
应急预案	预案一	民警抵达现场，罪犯服从民警控制指令、警情可控。	1. 打开执法记录仪； 2. 及时到达中心现场喝止； 3. 管控围观犯群； 4. 上报求援； 5. 支援民警有效分割当事罪犯； 6. 支援民警有效控制施暴罪犯； 7. 受伤者询问、检查伤情，视情进一步处理； 8. 搜身、带离。
	预案二	民警抵达现场，罪犯不服从民警控制指令、警情不可控。	1. 打开执法记录仪； 2. 及时到达中心现场喝止； 3. 管控围观犯群； 4. 上报求援； 5. 三级联动处置； 6. 支援民警武力有效分割当事罪犯； 7. 支援民警武力有效控制施暴罪犯； 8. 受伤者询问、检查伤情，视情进一步处理； 9. 罪犯分向搜身、带离。
	预案三	推进过程中，罪犯甲出现自杀、自伤等突发情况以威胁民警。	参照任务五预案处置。

二、预案实施

1. 打开执法记录仪。

2. 及时到达中心现场吹警哨并喝止。

3. 管控围观犯群、控制局势。

4. 上报求援。

5. 支援民警有效分割当事罪犯。

6. 支援民警有效控制施暴罪犯，抓捕组持盾牌战术推进控制罪犯甲。

7. 询问、检查受伤者伤情，视情进一步处理。

8. 搜身、带离。

9. 对事发现场封控保护，保全证据。

10. 组织清点人数。

11. 侦查取证。

12. 上报指挥中心。

图书在版编目（ＣＩＰ）数据

警察实战技战术 / 姜红升编著. —— 2版. —— 北京 ：
中国政法大学出版社, 2025. 1. —— ISBN 978-7-5764
-1658-9

Ⅰ. D631.15

中国国家版本馆CIP数据核字第2024CU4860号

出　版　者	中国政法大学出版社
地　　　址	北京市海淀区西土城路 25 号
邮　　　箱	fadapress@163.com
网　　　址	http://www.cuplpress.com（网络实名：中国政法大学出版社）
电　　　话	010-58908435(第一编辑部) 58908334(邮购部)
承　　　印	固安华明印业有限公司
开　　　本	720mm×960mm　1/16
印　　　张	15.25
字　　　数	260 千字
版　　　次	2025 年 1 月第 2 版
印　　　次	2025 年 1 月第 1 次印刷
印　　　数	1~4000 册
定　　　价	46.00 元